まちごとチャイナ
四川省 002

はじめての成都
「パンダ・三国志・四川料理」に出合う旅
［モノクロノートブック版］

麻と辣の味つけで知られる「四川料理」、四川省を中心に生息し世界中の人気者となっている「パンダ」、劉備玄徳が諸葛孔明、関羽、張飛とともに曹操や孫権と覇を競う「三国志」。成都は、これらの魅力がつまった街で、四川省の政治、経済、文化の中心地(省都)でもある。

　成都の中心に位置する天府広場は、食材から鉄、塩、木材など豊富な物産を育んできた成都や四川省の呼称「天府の国」から名づけられた。天府の国は四川省(四川盆地)だけでひとつの王朝を成立させるだけの経済力をもち、三国志の蜀をはじめとして、成都にしばしば地方王朝の首都を成立させてきた。

　こうした成都の性格を決定づけたのが、紀元前250年ごろ、成都北西郊外につくられた都江堰で、この水利施設が成都平原を豊穣の地にした。また都江堰近くには道教聖地の青城山が位置し、道教発祥地のひとつにもあげられる。青城山と都江堰は世界遺産に指定され、またユネスコから「世界美食の都」の称号を受けた成都は、いくつもの顔をもつ魅力的な都市となっている。

Asia City Guide Production
Sichuan 002
Chengdu
成都／chéng dū／チェンドゥ

まちごとチャイナ｜四川省 002

はじめての成都

「パンダ・三国志・四川料理」に出合う旅

「アジア城市（まち）案内」制作委員会
まちごとパブリッシング

まちごとチャイナ
四川省 002
はじめての成都

Contents

はじめての成都 7

四川省都は万華鏡の彩り 13

成都旧城城市案内 21

武侯祠鑑賞案内 37

パンダ基地鑑賞案内 47

成都周縁城市案内 55

成都は最先端の都市 69

成都郊外城市案内 75

都江堰鑑賞案内 83

青城山鑑賞案内 93

三星堆鑑賞案内 101

城市のうつりかわり 109

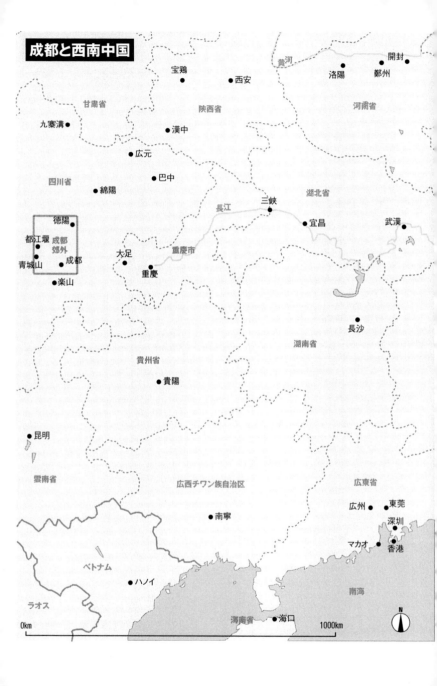

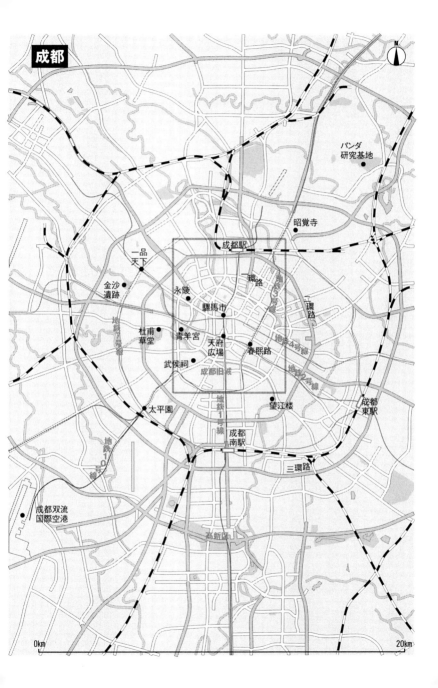

★★★
武侯祠／武侯祠 wǔ hóu cíウウホォウツウ
パンダ研究基地／大熊猫研究基地 xióng māo yán jiū jī diダアシィオンマァオヤァンジィウジイディイヤァンジィウジイディイ
都江堰／都江堰 dū jiāng yànドゥジィアンイェン
青城山／青城山 qīng chéng shānチィンチェンシャン
★★☆
春熙路／春熙路 chūn xī lùチュンシイルゥ
望江楼／望江楼 wàng jiāng lóuワァンジィアンロォウ
永陵／永陵 yǒng lingヨォンリィン
青羊宮／青羊宮 qīng yáng gōngチィンヤァンゴォン
杜甫草堂／杜甫草堂 dù fǔ cǎo tángドゥフウツァオタァン
★☆☆
天府広場／天府广场 tiān fǔ guǎng chǎngティエンフウグゥアンチャアン
昭覚寺／昭觉寺 zhāo jué sìチャオジュエスウ
金沙遺跡／金沙遗址 jīn shā yí zhǐジィンシャアイイチイ
高新区／高新区 gāo xīn qūガオシィンチュウ

Introduction
四川省都は万華鏡の彩り

中国内陸部に位置する広大な四川省の省都
住環境のよさで知られる国際都市であり
食や歴史に彩られた観光都市でもある

本場の四川料理を味わう

　北京、上海、広東とならぶ中国四大料理のひとつで、唐辛子や香辛料をふんだんに使ったしびれる辛さ「麻辣」で知られる四川料理。天府の国に育まれた豊富な物産、海に遠い内陸地方という環境が料理に生かされ、「一菜一格、百菜百味」という多彩さ、料理ごとに異なった特色をもつ。成都の麻婆が発明した安くて栄養がある「麻婆豆腐」、細切り豚肉の炒めもの「魚香肉絲(ユゥシャンロースー)」、四川総督に就任した宮保の丁宝禎が、山東料理の炒めもの技法と、四川の具材や香辛料をくみあわせてつくった「宮保鶏丁(ゴンバオジーディン)」、唐辛子、花椒をたっぷり入れて煮た牛肉と青野菜の「水煮牛肉(シュイジュウロウビエン)」などは四川の代表料理。また日本でも親しまれている「回鍋肉(ホイコーロー)」「棒棒鶏(バンバンジー)」「青椒肉絲(チンジャオロース)」「担々麺」も四川料理となっている。そのほかには、ザーサイなどの漬けものや、豆板醤をはじめとする調味料も名高い。こうした四川料理のなかでも、成都は正統(正宗)四川料理の本場で、ユネスコから世界美食の都との称号を受けている。

パンダと成都

　パンダは中国の四川省、甘粛省などの限られた地域でしか見ることができず、世界中にいるパンダは中国から各国へ贈られた。熊に似たずんぐりとした体型で、白と黒の外観、目のまわりが黒いことから大きく見える目、ささを食べる愛らしい姿、ぶきっちょそうな動きから、人気を博し、パンダとはネパール語で「笹を食べるもの」を意味するという。成都と雅安(成都の南西130km)には、中国のみで生息し、個体数の少ない希少動物パンダの研究と繁殖を行なう拠点があり、パンダが人工的に飼育されている。成都のパンダ研究基地は、1953年、都江堰玉堂鎮で発見された野生のパンダを、成都郊外の斧頭山動物園に運んで保護したのをはじまりとする。この成都ジャイアントパンダ繁殖研究基地は、雅安のものとともに、世界的希少動物のパンダに出合える場所として知られている。

『三国志』の世界へ

　後漢末期、河北の桃園で義兄弟のちぎりを交わした劉備玄徳(161～223年)と関羽、張飛の3人。混乱をきわめる世にあって、漢王朝の再興を掲げて各地を転戦する劉備たちの前には「乱世の奸雄」曹操孟徳と江南の孫権が立ちはだかる。劉備が三顧の礼をもって迎えた「天才軍師」諸葛孔明は、入蜀(四川入り)して両者に対抗する「天下三分の計」を説き、劉備は成都入りを果たした。こうして魏の曹操、呉の孫権、蜀の劉備が並立する三国時代(220～280年)に入った。この『三国志』は、中国の正史では曹操の魏を正統とするが、明の羅漢中による小説(物語)の『三国志演義』では曹操は悪役とされ、国力で劣るものの徳をもって敵と戦った劉備玄徳の蜀を正統とする。劉備玄徳、関羽、張飛らの活躍、諸葛孔明の智力が描かれる三国志の物語は、多くの人たちに愛され、日本

劉備玄徳や諸葛孔明、成都は三国志ゆかりの街

目の飛び出した奇怪な仮面

でも親しまれている。成都市街南西部には劉備の恵陵、諸葛孔明の武侯祠が位置し、成都を代表する観光地となっている。

成都の構成

　紀元前4世紀の秦代から2500年のあいだ、同じ場所で街が持続している成都(北京や上海よりも伝統がある)。市街中心の天府広場は明清時代以前から成都統治者の暮らす宮殿があり、現在も天府広場から外に向かって同心円状に市街が広がっている。周囲を錦江に囲まれた成都旧城には、この街最大の繁華街である「春熙路」、清代の街並みを今に伝える「寛窄巷子」、また仏教古刹の「文殊院」、成都の古さと新しさを融合させた「成都遠洋太古里」などが位置する(成都旧城の街区は、南北の軸線から30度傾いている)。この成都旧城をとり囲むように、一環路、二環路、三環路とより大きな環状路が外に幾重にも走り、成都旧城外には周代にさかのぼる老子ゆかりの「青羊宮」、成都を代表する景勝地の浣花渓に残る「杜甫草堂」、長江へ続く水路の途上に築かれた「望江楼」、成都を都とした前蜀王建の「永陵」が位置する。また市街の南郊外に開発区がつくられ、成都の新たな政治、経済、金融の中心地となっている。

成都郊外の世界遺産

　成都を流れる錦江は、この街の60km北西郊外に位置する水利施設の都江堰から流れてくる。この都江堰と、そのそばにそびえる道教聖地の青城山は、世界遺産に指定されている。青城山と都江堰、両者の距離は10kmほど離れていて、いずれも四川盆地の縁部分に位置する。それは丘陵地帯と成都平原が交わる場所で、青城山の背後はチベット高原へと続き、前方は平原部となっている。一方の都江堰は、岷江が

ささを食べるパンダ、成都のパンダ研究基地にて

高原部から平野部に流れる位置につくられている。青城山は、後漢時代に張陵が、史上初の道教教団である五斗米道の拠点をおいた場所であり、道教発祥の地と見られる。また都江堰の水利技術は2000年のあいだ使われ、万里の長城、京杭大運河に匹敵する土木工事にもあげられる。両者は青城山と都江堰として世界遺産に指定されている。

成都郊外にある都江堰がこの地を天府の国へ変えた

成都旧城城市案内
Cheng Du Jiu Cheng

亀の甲羅のような街区をもつ成都旧城
三国志の蜀の都があった場所で
正宗四川料理を堪能できる食の都

天府広場／天府广场 ★☆☆
tiān fǔ guǎng chǎng
ティエンフウグゥアンチャアン

　成都の中心部に位置する天府広場は、隋唐、明清時代を通じて宮廷や政府機関がおかれてきた。このエリアは明清時代の皇城にあたり、成都旧城の城壁のなかの城壁があり、王族や皇族の暮らす場所だった。2007年から新たな成都の顔となる天府広場整備の計画が進み、現在は成都のランドマークになっている。天府広場の意匠は、道教発祥地の青城山が近くに位置することに由来し、八卦太極図の図案をもとにする。またこの地にあった古代文明の三星堆の太陽信仰にちなむ金色の金沙太陽神鳥のモニュメントも立つ。広場の北側には、中国共産党が創建された7月1日を意味する7.1m、すべてあわせて高さ12.26m（毛沢東の誕生日）の右手をかかげる毛沢東の漢白玉製彫像が立つ。

天府広場に集まる巨大建築群

　21世紀に入ってから天府広場には、超巨大公共建築が建ちならぶようになった。天府広場（毛沢東像）の北には2006年に開館した未来、宇宙、自動車、数学、生命科学、生態文明などをテーマにした「四川科技館」が立つ。また天府広場西に

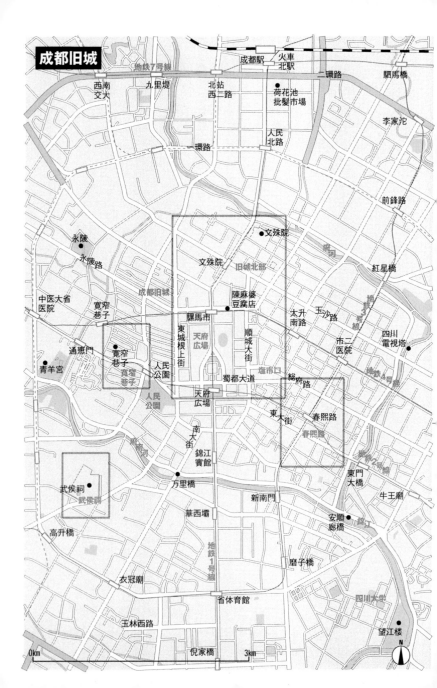

天府広場には毛沢東像が立つ

麻と辣の味づけ、成都が生んだ麻婆豆腐

★★★
陳麻婆豆腐老店／陈麻婆豆腐老店 chén má pó dòu fu lǎo diàn チェンマアポオドォウフウラァオディエン
寛窄巷子／宽窄巷子 kuān zhǎi xiàng zi クゥアンチャアイシィアンズウ
武侯祠／武侯祠 wǔ hóu cí ウウホォウツウ

★★☆
文殊院／文殊院 wén shū yuàn ウェンシュウユゥエン
春熙路／春熙路 chūn xī lù チュンシイルウ
望江楼／望江楼 wàng jiāng lóu ワァンジィアンロォウ
永陵／永陵 yǒng ling ヨンリィン
青羊宮／青羊宫 qīng yáng gōng チィンヤァンゴォン

★☆☆
天府広場／天府广场 tiān fǔ guǎng chǎng ティエンフウグゥアンチャアン
安順廊橋／安顺廊桥 ān shùn láng qiáo アンシュンラァンチィアオ
四川広播電視塔／四川广播电视塔 sì chuān guǎng bō diàn shì tǎ スウチュゥアングゥアンボオディエンシイタア
万里橋／万里桥 wàn lǐ qiáo ワァンリイチィアオ
人民公園／人民公园 rén mín gōng yuán レンミィンゴォンユゥエン
荷花池批発市場／荷花池批发市场 hé huā chí pī fā shì chǎng ハアフゥアチイピイファアシイチァアン

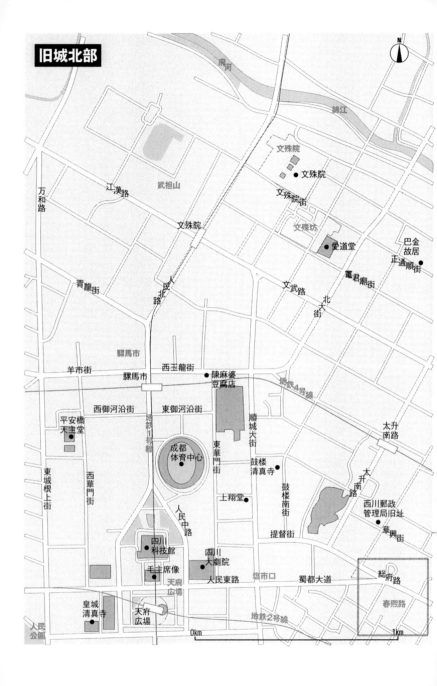

は、金色の翡翠を立体、幾何学的に組みあわせた外観をもつ「成都博物館新館」が見え、この地方の石刻、陶磁器、青銅器、書画などを収蔵する。また川劇をはじめとした伝統劇、クラシックのコンサートなどが開催される「四川大劇院」、川図の愛称で知られる調査研究のための「四川省図書館」も位置する。

陳麻婆豆腐老店／陈麻婆豆腐老店★★★
chén má pó dòu fu lǎo diàn
チェンマアポオドォウフウラァオディエン

　ひき肉(牛肉)、豆腐、にんにくの葉(青ネギ)、片栗粉(でんぷん)、香辛料と調味料を中華鍋で炒める麻婆豆腐。陳麻婆豆腐老店は、この成都の名物料理である麻婆豆腐発祥の店として知られる。清末、成都旧城北門近くの万福橋に暮らしていた陳麻婆は、近くで働く材木運びの労働者のために、安くて、おいしく、栄養のある料理の麻婆豆腐を考案した。当時、店(家)の両隣には羊肉店と豆腐屋があったため、肉と豆腐をかんたんに手に入れることができたという。陳麻婆という名称は、陳氏にとつぎ、顔にあばた(=麻子)があったことに由来する。

文殊院／文殊院★★☆
wén shū yuàn
ウェンシュウユゥエン

　文殊院は成都を代表する古刹で、隋の大業年間(605～617

★★★
陳麻婆豆腐老店／陈麻婆豆腐老店 chén má pó dòu fu lǎo diànチェンマアポオドォウフウラァオディエン
★★☆
文殊院／文殊院 wén shū yuànウェンシュウユゥエン
春熙路／春熙路 chūn xī lùチュンシイルゥ
★☆☆
天府広場／天府广场 tiān fǔ guǎng chǎngティエンフウグゥアンチァアン
人民公園／人民公园 rén mín gōng yuánレンミィンゴオンユゥエン

市街南部に位置する名門四川大学の門

文殊菩薩をまつる仏教古刹の文殊院

本を手にする女の子

いくつもの巨大建築がならぶ天府広場界隈

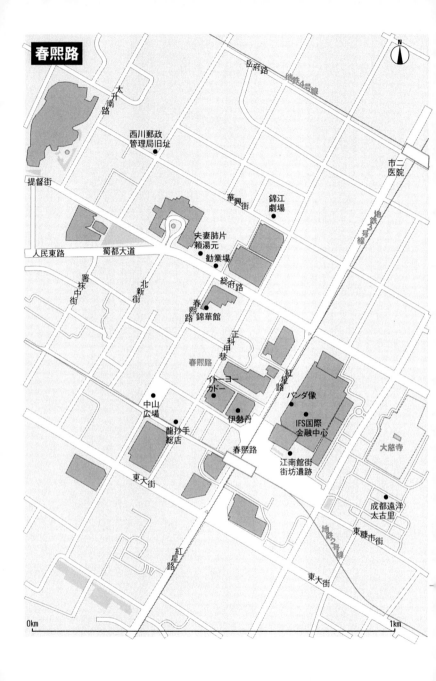

年)に創建された。唐、宋、元、明の各時代に興廃を繰り返し、清代、慈篤海月禅師が住持し、1691年に文殊菩薩が安置された。1697年、再建されて文殊院となり、山門から天王殿、三大士殿(観音殿)、大雄宝殿、説法堂(薬師殿)、蔵経楼と中軸線上に伽藍が続く。また文殊院には成都旧城の宗教、民俗、商業の中心地という顔もあり、門前町が古くから発展していた。その伝統を受け継ぐように、門前町の文殊坊では蜀繡、竹編、銀花絲、漆芸、蜀錦といった成都の伝統工芸を見ることができるほか、ショッピング、レストランなどが集まる。

春熙路／春熙路★★☆
chūn xī lù
チュンシイルウ

　春熙路は成都最大の商圏で、北京の王府井や上海の南京東路にあたる(春熙路という名称は老子の『道徳経』からとられている)。中華民国時代の1924年、四川軍閥の楊森が、成都中心部の皇城と成都でもっとも栄えていた旧城東門を結ぶこの地に、馬路を整備したことにはじまる。馬が走る南北の小さな通りは、改修工事をするたびに規模を増し、現在は北段、南段、東段、西段と4つの通りからなる。南北500m、東西260mのエリアに、縦横無尽にめぐらされた歩行街には、IFS国際金融中心、伊勢丹、時代広場といったショッピングモールがならび、紅星路もふくめて巨大な商圏を構成する。IFS国際金融中心では壁をよじ登ろうとするパンダ像(I am here!)が見えるほか、中山広場には「中国革命の父(国父)」孫文像が立つ。

★★☆
春熙路／春熙路 chūn xī lùチュンシイルウ
★☆☆
成都遠洋太古里／成都远洋太古里 chéng dū yuǎn yáng tài gǔ lǐチェンドゥユウエンヤァンタァイグウリイ

消費者天国とも言われる春熙路のにぎわい

四川料理、小吃店の名店

　清朝末期、麻婆が材木運びの労働者のために、安くて栄養がある料理として出したことにはじまる「陳麻婆豆腐店」。そのほかにも、成都には四川料理の名店、老店が集まっている。鶏、豚の骨、脚、胃袋などで出汁をとったスープ、卵入りの薄い皮で豚もも肉あんを包んだ四川風ワンタン(抄手)を出す「龍抄手総店」(1941年創業)、屋台の行商をしていた郭朝華夫妻が、肺、肉、胃、舌、心臓など、さまざまな内臓を香料入りの煮汁で煮て、片(薄切り)にして盛り合わせた「夫妻肺片」、ラー油たっぷりのあまからの豚肉のあんを包んだ水餃子の「鐘水餃」(1893年創業)、ザーサイのみじん切りを載せた麺料理を陳包包が天秤棒で担ぎ、成都で売り歩いたという「担々麺」、頼という姓のだんご売りの屋台を発祥とする「頼湯元」、肉まんの「韓包子」などが知られる。成都では、小さいが味のよい店を蒼蠅館子(ハエが飛んでいそうだが、味はよい青蠅餐庁)と呼ぶ。

成都遠洋太古里／成都远洋太古里 ★☆☆
chéng dū yuǎn yáng tài gǔ lǐ
チェンドゥユゥエンヤァンタァイグウリイ

　成都遠洋太古里は、唐代に創建された仏教寺院の大慈寺に隣接して整備された複合商業施設。もともと大慈寺への参道やこの界隈には、灯市、花市、蚕市、薬市など、季節ごとの市が立ち、夜市もにぎわっていた。成都遠洋太古里は、大慈寺のこうした性格を受け継ぐように整備され、低層建築群が続く。ファッション、ショップ、レストラン、書店などの店舗が集まり、感度の高い成都人が訪れる。

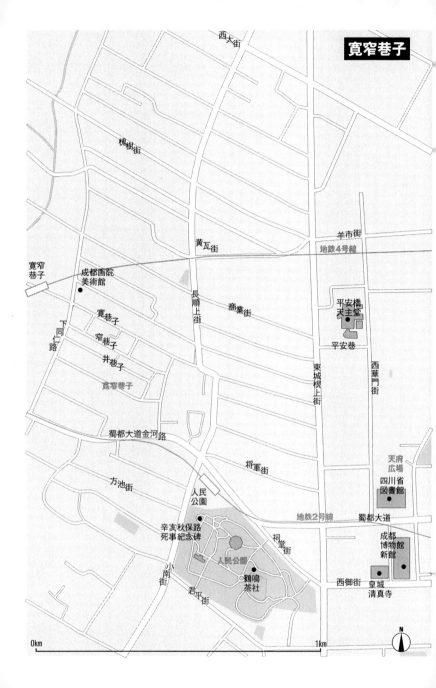

安順廊橋／安顺廊桥 ★☆☆
ān shùn láng qiáo
アンシュンランチィアオ

マルコ・ポーロ(1254～1324年)が『東方見聞録』で記した成都の橋の様子を彷彿とさせる安順廊橋(成都のりっぱな石橋の上には、美しい木造の屋根がある)。錦江にかかるこの橋は明代にはすでにあったと言われ、当初は彩虹橋といったが、清代の華陽県令の安洪徳にちなんで安順廊橋となった。現在は橋のうえに楼閣が立つ見事な姿を見せ、安順廊橋の350m下流には、同じく成都を代表する名橋の九眼橋がかかる。

四川広播電視塔／四川广播电视塔 ★☆☆
sì chuān guǎng bō diàn shì tǎ
スウチュゥアングゥアンボォディエンシイタア

四川広播電視塔は、成都旧城の東部にそびえる高さ339mのテレビ塔。錦繡天府塔の愛称でも知られ、塔楼208mの地点に360度を見渡せる展望台がある。2004年に完成した。

万里橋／万里桥 ★☆☆
wàn lǐ qiáo
ワンリイチィアオ

成都南北の軸線だった南大街の起点でもあり、成都旧城の正門にあたる南門に架かる万里橋。いわば成都の表玄関にあたり、万里橋という名前は、『三国志』の諸葛孔明が、呉に派遣する使者の費褘をこの橋で見送り、「万里の道もこの

★★★
寛窄巷子／宽窄巷子 kuān zhǎi xiàng zi クゥアンチャアイシィアンズウ

★☆☆
人民公園／人民公园 rén mín gōng yuán レンミィンゴォンユゥエン
天府広場／天府广场 tiān fǔ guǎng chǎng ティエンフウグゥアンチャアン

清代の面影を残す街並みも見られる寛窄巷子

橋よりはじまる」と言ったことにちなむ。また唐の詩人杜甫は、「門には泊す、東呉万里の船(東呉へむかう万里船がとまっている)」と詠っている。万里橋のかかる錦江は、この川の水で錦(絹織物)を洗ったためにつけられ、糸を染めて織った錦はほかでは出ない鮮やかな色になったという。

寛窄巷子／宽窄巷子★★★
kuān zhǎi xiàng zi
クゥアンチャイシィアンズウ

　清代、漢族の暮らす成都旧城(太城)のなかに、統治者の満州族の暮らす少城(満城)があり、寛窄巷子は当時の少城の街区を今に伝える。寛窄巷子は、寛巷子、窄巷子、井巷子という3本の路地からなり、北方の四合院の様式と、木材を使った四川様式のあわさった建築が続く。満州族の八旗官吏が暮らし、両側の胡同にくらべて寛(広)く見えたところから名前がつけられた「寛巷子」、食堂、床屋、洗濯屋などがあった寛巷子にくらべて窄(狭)いところから呼ばれた「窄巷子」を中心に、四川料理店や茶店、川劇のお面を売る店、宿泊できる四合院など特色ある店舗がならぶ。なかでも成都画院(成都市美術館)は、清代の邸宅を利用して開館している。清代は通りの名称も、北京と同じように「胡同」と表記されていたが、民国時代に「街」や「巷」とあらためられた。

人民公園／人民公园★☆☆
rén mín gōng yuán
レンミィンゴォンユゥエン

　清朝末期の1911年に開園した人民公園。ここは清の少城(満城)の南端で、当初は少城公園といった。1911年の辛亥革命への導火線となった保路運動で生命を落とした人のための「辛亥秋保路死事紀念碑」や、1920年代に建てられた成都有数の伝統をもつ茶館の「鶴鳴茶社」などが位置する。人民公園では、憩い、茶を飲む成都人の姿が見られる。

Wu Hou Ci
武侯祠鑑賞案内

**曹操孟徳の魏、孫権の呉、劉備玄徳の蜀が並立し
魏から出た晋によって統一されるまでの三国時代
成都はその中心地のひとつで劉備や孔明ゆかりの地**

武侯祠／武侯祠★★★
wǔ hóu cí
ウウホォウツウ

　『三国志』の劉備玄徳(161～223年)とその天才軍師である諸葛孔明(181～234年)をまつる武侯祠。蜀を建国して、魏や呉に対抗した劉備玄徳は、白帝城でなくなり、成都(恵陵)にほうむられ、そのそばに廟が建てられた。一方、劉備玄徳の意思をついだ諸葛孔明は丞相となったが、魏との戦いのなかで生命を落とした。この武侯祠は孔明の死後しばらくたった南北朝時代に建てられ、唐代には「丞相祠堂何処尋、錦官城外柏森林(孔明の祠堂をどこかと尋ねよう。それは成都城外の柏の木々が茂っているところだ)」という杜甫の『蜀相』にも詠われている。武侯祠という名称は諸葛孔明の諡からとられていて、諸葛孔明をまつる武侯祠と、劉備をまつる漢昭烈廟のふたつが位置する。明代の1390年、蜀王朱椿が主君と臣下がならんでいるのはよくないと、漢昭烈廟と武侯祠をあわせて改修した。明末の戦火で武侯祠は焼け落ちたが、清代の1671年になってもとの場所で再建された。この複合建築群の正式名称は、蜀漢の昭烈皇帝(劉備玄徳)をまつる漢昭烈廟だが、慣例的に人びとに親しまれた諸葛孔明の武侯祠を、複合建築群全体の名称として呼ぶ。

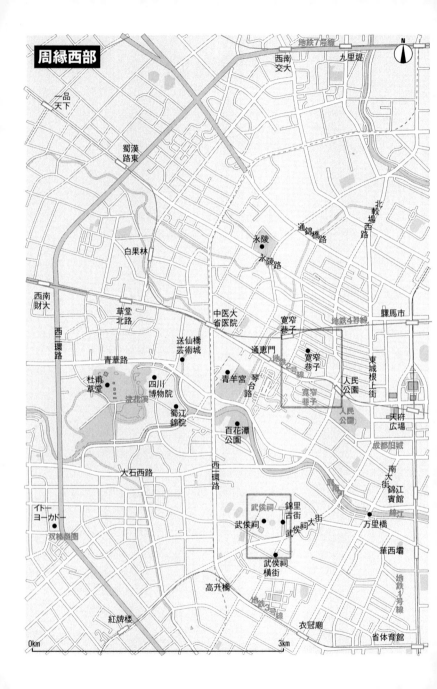

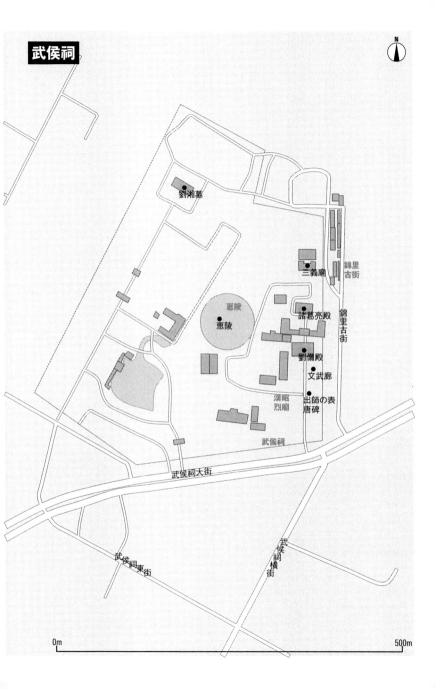

武侯祠の構成

　漢昭烈廟(武侯祠の正式名称)と記された扁額のかかった門からなかに入ると、劉備を支えて国を治めた諸葛孔明の徳について記された「唐碑」、227年の魏討伐(北伐)の出陣のときの諸葛孔明の決意表明である上奏文「出師の表」などが見える。そこから建築が軸線上にならぶ中国の伝統的な様式で、三国志の英雄、蜀の建国者である劉備玄徳(161～223年)をまつる「劉備殿(漢昭烈廟)」、その両脇には蜀の文臣と武将が14人ずつならぶ「文武廊」が伸びる。「劉備殿(漢昭烈廟)」の背後に諸葛孔明(181～234年)をまつる「諸葛亮殿」が立ち、孔明がかぶっていた「綸巾(帽子)」、鶴の羽毛でつくられた「鶴氅(服)」をまとった高さ2mほどの孔明の塑像が見える(清代の1672年におかれた)。その背後は桃園の誓いで、義兄弟の契りを結んだ劉備、関羽、張飛の3人をまつる「三義廟」へと続く。またこの漢昭烈廟(武侯祠)の西側には、関羽の敵討ちに出陣し、白帝城で病死したのちに成都に埋葬された劉備玄徳の恵陵が位置する。恵陵の墓塚は高さ12m、周囲180mで、劉備玄徳の遺体は甘夫人と呉夫人とともに合葬された。

★★★
武侯祠／武侯祠 wǔ hóu cíウウホォウツウ
錦里古街／锦里古街 jǐn lǐ gǔ jiēジンリイグウジエ
寬窄巷子／宽窄巷子 kuān zhǎi xiàng ziクウアンチャアイシィアンズウ

★★☆
永陵／永陵 yǒng língヨンリィン
青羊宮／青羊宫 qīng yáng gōngチィンヤァンゴォン
杜甫草堂／杜甫草堂 dù fǔ cǎo tángドゥフウツァオタァン

★☆☆
武侯祠横街(チベット人街)／武侯祠横街 wǔ hóu cí héng jiēウウホォウツウヘェンジエ
天府広場／天府广场 tiān fǔ guǎng chǎngティエンフウグゥアンチャアン
万里橋／万里桥 wàn lǐ qiáoワァンリイチィアオ
人民公園／人民公园 rén mín gōng yuánレンミィンゴォンユゥエン
琴台路／琴台路 qín tái lùチィンタイルウ
浣花渓／浣花溪 huàn huā xīフゥアンフゥアシイ
四川博物院／四川博物院 sì chuān bó wù yuànスウチュウアンボオウウユゥエン

道は劉備が眠る恵陵へ続く

綸巾(帽子)と鶴氅(服)姿の諸葛孔明

戯台では劇が演じられる

武侯祠に隣接する錦里古街の入口

ざっくり『三国志』

　漢王室の末裔とされる劉備玄徳(161〜223年)は貧しい生活をしていたが、後漢末の混乱のなかで漢朝再興を志し、河北の桃園で関羽、張飛と義兄弟の契りを結んだ。劉備玄徳たちは、各地を転々としていたが、人徳に優れた劉備のもとには人が集まりはじめていた。一方、華北で天子をとりこみ、諸侯に号令をかける「乱世の奸雄」曹操孟徳と、江南の豊かな物産を背景とする孫権がいた。こうしたなか、湖北にいた劉備玄徳は、三度出向いてお願いする「三顧の礼」で、天才諸葛孔明を軍師として迎えることに成功した。諸葛孔明が劉備に説いた策は「四方を山に囲まれた要害の地であり、天府の国と言われるほど、物産が豊かな蜀(四川盆地)を拠点とするべきだ」という「天下三分の計」だった。そのとき、三者のなかでもっとも優勢であった曹操は、南方へ進軍を開始した。208年、諸葛孔明は劉備と孫権の同盟を成功させ、「赤壁の戦い」にのぞみ、曹操軍を撃破した。214年、劉璋が成都を開城して降伏し、歩兵数万をひきいた劉備は成都に入って酒宴を開いた。このとき劉備は、54歳だった。220年に後漢が滅亡すると、翌年、成都武担山の南に壇を築き、劉備は天地に漢王朝(蜀漢)の継承を宣言し、皇帝に即位した。

劉備、孔明の死とその後

　荊州(湖北)の領有をめぐって結んだ曹操と孫権によって討たれた関羽の仇討ちがかなわないまま、223年、劉備は生命を落とした。以後、蜀の実質的な政治は諸葛孔明がとりしきり、孔明は漢中に進出し、北伐に意欲を見せたが、234年、魏との戦い(「五丈原の戦い」)のさなか陣中で没した。以後、蜀の力は衰え、263年に魏によって蜀(221〜263年)は滅んだ。一方、諸葛孔明と「五丈原」で戦った司馬懿仲達の孫である司馬炎が、265年、魏から禅譲を受けて晋を樹立し、魏も滅亡し

た。280年、江南の呉は魏の継承国家である晋に滅ぼされ、三国時代も終わった。

錦里古街／锦里古街★★★
jǐn lǐ gǔ jiē
ジィンリイグウジエ

武侯祠に隣接し、明末清初の成都の街並みが再現された錦里古街。長さ550mの石畳の通りの両脇に、料理店、小吃店、土産物店、劇場、茶館がならび、ランタンや三国志時代を思わせる旗に彩られている。軒先には泥人形、木彫り、剪紙など成都の工芸品が見えるほか、担々麺、譚豆花、花式蒸餃、鮮花餅、張飛牛肉などを出す小吃店が集まり、「錦里小吃一条街」と呼ばれる。2004年に整備された。

武侯祠横街（チベット人街）／武侯祠横街★☆☆
wǔ hóu cí héng jiē
ウウホォウツウヘンジエ

武侯祠のそばを走る武侯祠横街、また近くの武侯祠東街、洗面橋横街あたりはチベット人街となっている。チベットに隣接する四川は歴史を通じてチベットとの関係はあったが、この地にチベット人が暮らすようになったのは1950年ごろから。現在ではチベット料理レストラン、チベットの土産物や特産品を売る店舗がならぶ。

パンダ基地鑑賞案内

世界中で愛される希少動物のパンダ
成都郊外のパンダ研究基地では
さまざまな年齢のパンダに触れられる

成都ジャイアントパンダ繁殖研究基地／
成都大熊猫繁育研究基地★★★
chéng dū dà xióng māo fán yù yán jiū jī di
チェンドゥダアシォンマァオファンユウヤンジィウジイディイ

　パンダの飼育、研究、パンダの数量を増やす目的で設立された成都ジャイアントパンダ繁殖研究基地。この基地は1953年に保護された野生のパンダを飼育するため、パンダの飼育に適した斧頭山の環境を利用して整備されたことにはじまる。1987年にパンダ繁殖研究基地となり、パンダにとって心地のよい行き届いた環境であることから、「パンダの楽園」と言われる(パンダ幼稚園はじめ、パンダの成長段階にあわせて飼育されている)。この研究基地はパンダの繁殖でも成果をあげ、育てたパンダは、再び野生に返すといった活動もされている。中国ではジャイアントパンダのことを「大きな熊のような猫」という意味で、「大熊猫(ダアシィオンマオ)」と呼び、レッサーパンダを「小熊猫」という。成都の中心から11km、成都市街の北東郊外に位置する。

パンダ研究基地の構成

　パンダ繁殖研究基地は、斧頭山の地形にあわせて展開し、「美美(メイメイ)」や「慶慶(チンチン)」といった名前がつけら

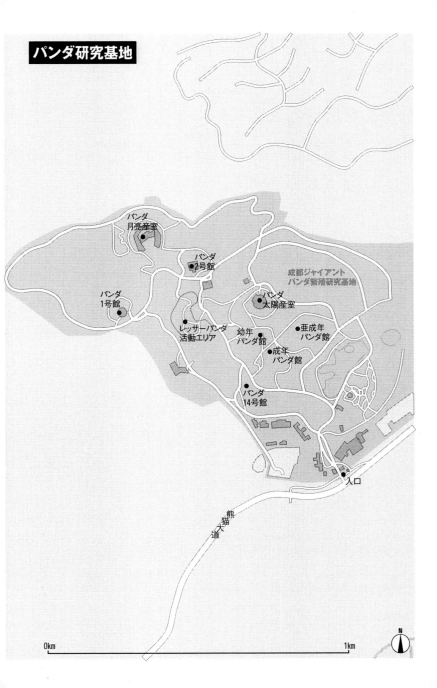

れたパンダに、さまざまなかたちで出合うことができる。基地内各所に設けられた「幼年ジャイアントパンダ館」「亜成年ジャイアントパンダ館」「成年ジャイアントパンダ館」などでは、それぞれの成長段階ごとにパンダが集められている。また「パンダ太陽産房」「パンダ1号別墅」「パンダ2号別墅」「パンダ博物館」「パンダ幼年別墅」「パンダ月亮産房」なども見られ、パンダやレッサーパンダが飼育されている。

かわいいパンダ

　目のまわりと耳、手足、両肩だけ黒く、白地の身体のパンダ。体長1.2〜1.5m、体重75〜160kgで、熊に似ていることから中国語では「大熊猫（大きな熊のような猫）」と呼ぶ。また1日の半分ぐらい、10時間以上かけて食事をとり、大人のパンダの1日の食事量は12〜16kgになる。パンダの食べもののほとんどが竹で、たけのこ、ささ、竹の枝と食べていく。座ったり、横になりながら食事をとる姿、またずんぐりむっくりとした体型で、伸びをしたり、横になったり、木に登ったり、ぎこちなく歩く姿が人気を集めている。パンダは足で身体をかいたり、岩や木に、首や肩、背中、足、お尻をこすりつけたりもするが、眠っている時間も多い。

★★★
パンダ研究基地／大熊猫研究基地 xióng māo yán jiū jī dǐ ダアシィオンマァオヤァンジィウジイディイ
陳麻婆豆腐老店／陈麻婆豆腐老店 chén má pó dòu fu lǎo diàn チェンマアポオドォウフウラァオディエン
★★☆
文殊院／文殊院 wén shū yuàn ウェンシュウユゥエン
春熙路／春熙路 chūn xī lù チュンシイルウ
★☆☆
天府広場／天府广场 tiān fǔ guǎng chǎng ティエンフウグゥアンチァアン
四川広播電視塔／四川广播电视塔 sì chuān guǎng bō diàn shì tǎ スウチュウアングゥアンボオディエンシイタア
昭覚寺／昭觉寺 zhāo jué sì チャオジュエスウ
成都動物園／成都动物园 chéng dū dòng wù yuán チェンドゥドォンウウユゥエン

目のまわりと鼻、耳が黒いパンダ

じゃれ合うパンダ、多くのパンダが一箇所に集まる

小熊猫ことレッサーパンダにも出合える

1日中ごろごろしたり、ささを食べたりしている

Around Cheng Du
成都周縁城市案内

成都旧城の外側は文人たちの好む
かつての成都郊外にあたり
成都を代表する景勝地や寺廟などが残る

荷花池批発市場／荷花池批发市场 ★☆☆
hé huā chí pī fā shì chǎng
ハアフゥアチイピイファアシイチャアン

　成都市街からまっすぐ北に位置する成都駅のそばで、いくつもの卸売市場が集まる荷花池批発市場。1980年代に形成され、3万という店舗には服、靴、かばん、雑貨、時計、化粧品、日用品がずらりとならぶ。この大型卸売市場群は中国有数の規模で、重慶、チベット、貴州、雲南などから買いに来る商人の姿もある。

昭覚寺／昭觉寺 ★☆☆
zhāo jué sì
チャオジュエスウ

　唐の貞観年間(627～649年)に創建された古刹の昭覚寺。878年、成都に蒙塵してきた僖宗が、この寺に住持していた禅宗曹洞宗の休夢禅師の話を聞いて感銘を受けたという話が残っている(昭覚寺という名称はここに由来する)。宋代、昭覚寺は「川西第一禅林」と呼ばれ、この寺の純白禅師、圜悟禅師の教えは、日本の禅宗、茶道にも影響をあたえている。「山門」「八角亭」「天王殿」「大雄宝殿」「蔵経楼」という堂々とした伽藍が軸線上に続き、黄色の屋根瓦をもつ。

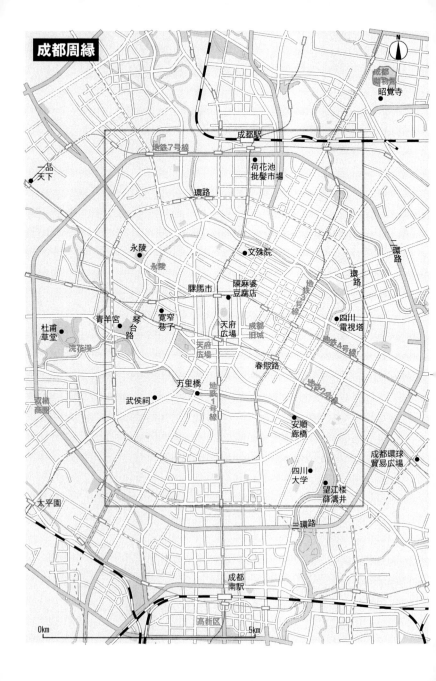

成都動物園／成都动物园 ★☆☆
chéng dū dòng wù yuán
チェンドゥドンウウユュエン

　300種類、3000の動物が飼育された成都動物園。パンダはじめ、キンシコウ、トラ、ライオン、猿、レイヨウ、キリン、ゾウ、チンパンジー、ゴリラなどに出合える。昭覚寺に隣接する。

望江楼／望江楼 ★★☆
wàng jiāng lóu
ワンジィアンロォウ

　成都旧城の南東、錦江にのぞむように立つ望江楼。成都と各地を往来する旅人への送別の宴が行なわれ、多くの文人に愛されてきた（錦江は長らく水路として使われていた）。唐代の女流詩人薛濤ゆかりの地でもあり、薛濤がここの井戸で詩に使う深紅の薛濤箋（便箋）をつくったという。清代の1814年、

★★★
陳麻婆豆腐老店／陈麻婆豆腐老店 chén má pó dòu fu lǎo diàn チェンマアポオドォウフウラァオディエン
寛窄巷子／宽窄巷子 kuān zhǎi xiàng zi クゥアンチャアイシィアンズゥ
武侯祠／武侯祠 wǔ hóu cí ウウホォウツゥ

★★☆
文殊院／文殊院 wén shū yuàn ウェンシュウユュエン
春熙路／春熙路 chūn xī lù チュンシイルゥ
望江楼／望江楼 wàng jiāng lóu ワンジィアンロォウ
永陵／永陵 yǒng líng ヨォンリィン
青羊宮／青羊宫 qīng yáng gōng チィンヤァンゴォン
杜甫草堂／杜甫草堂 dù fǔ cǎo táng ドゥフウツァオタァン

★☆☆
天府広場／天府广场 tiān fǔ guǎng chǎng ティエンフウグゥアンチャアン
安順廊橋／安顺廊桥 ān shùn láng qiáo アンシュンラァンチィアオ
四川広播電視塔／四川广播电视塔 sì chuān guǎng bò diàn shì tǎ スウチュウアングゥアンボオディエンシイタア
万里橋／万里桥 wàn lǐ qiáo ワンリイチィアオ
昭覚寺／昭觉寺 zhāo jué sì チャオジュエスゥ
成都物物園／成都动物园 chéng dū dòng wù yuán チェンドゥドンウウユュエン
薛濤井／薛涛井 xuē tāo jǐng シュエタアオジィン
琴台路／琴台路 qín tái lù チィンタイルゥ
浣花渓／浣花溪 huàn huā xī フゥアンフゥアシイ

包子、成都では小吃を愉しみたい

錦江にのぞむ望江楼、送別の宴がここで行なわれた

前蜀の皇帝王建の眠る永陵

江南の園林を思わせる「吟詩楼」や「浣箋亭」が建てられ、その後の1889年に四層、高さ27.9mの「崇麗閣(望江楼)」、「錦をすすぐ楼」を意味する「濯錦楼」などの建物が建てられた。翠竹長廊が「崇麗閣(望江楼)」へ向かって伸び、200種類の竹が栽培されているという。

薛濤井／薛涛井 ★☆☆
xuē tāo jǐng
シュエタァオジン

　身支度や薛濤箋づくりにこの井戸の水をくんで使ったという薛濤井。薛濤(762年ごろ～834年ごろ)は、五言絶句、七言絶句を得意とした唐代の女流詩人で、幼年時代に長安から成都に移り住んだ。若くして芸者(遊女)に身を落としたが、文才が豊かで、成都長官の韋皐はじめ、白居易、王建、李德裕、牛僧孺といった唐代を代表する官僚や学者が薛濤のもとを訪れた。薛濤井は、当時、成都市街から離れた浣花渓にあったが、明代に移された。この井戸水は甘く、清らかで、それを使えばすべすべとした艶のある肌になるという。

永陵／永陵 ★★☆
yǒng líng
ヨンリィン

　唐と宋のあいだ、中華が分裂した五代十国(907～960年)時代に、成都にあった地方政権の前蜀。永陵はこの前蜀の初代皇帝である王建(847～918年)の陵墓で、長いあいだその場所がわかっていなかったが、1942年、老西門外のこの地で偶然、発見された。王建は唐末の混乱のなかで、四川の節度使となり、902年に四川を統一して蜀王と名乗った。907年、中原で朱全忠が帝位について唐が滅ぶと、自らも帝位につき、国号を蜀(前蜀)とした。王建は混乱した中原から逃れてきた文人らを厚遇したため、蜀の制度や文物は唐のそれを思わせたという。永陵はこうした五代十国(前蜀)時代の美術や陵

墓の様式を今に伝えるもので、棺座の周囲に刻まれた女性の楽人像などで名高い(四川盆地に領域をもつ国家がしばしば蜀という国名を名乗った)。

しばしば四川に地方政権が成立した

　唐が滅んでから、宋が再び中華を統一するまでの五代十国(907〜960年)時代では、中国各地に地方政権が並立し、成都には前蜀や後蜀といった国があった。戦乱に明け暮れている中原に対して、安定した社会の四川では豊かな文化が咲き誇っていた。また四川盆地が地方王朝を独立させるだけの経済力を備えることも特徴だった。中原から離れて四川盆地に国家をつくるという戦略は、諸葛孔明が劉備玄徳に授けた「天下三分の計」でも示されたもので、221年、劉備玄徳は成都で蜀を建国し、皇帝に即位している。その後の五胡十六国時代の304年、中原の王朝に対して、氐族の李雄が成都で成漢(大成国)を樹立し、また唐代の安史の乱や黄巣の乱などの混乱期に、唐の皇帝玄宗や僖宗が長安から四川の成都に一時的な避難をするということが続いた。日中戦争時代の1937年、南京から重慶に都を遷して日本軍と戦った蒋介石も、上述の歴史と同様の目的をもっていたと言われる。

青羊宮／青羊宮★★☆
qīng yáng gōng
チィンヤァンゴォン

　周代の青羊肆にさかのぼる、成都でもっとも由緒正しい道教寺院の青羊宮。青羊宮は、紀元前6世紀ごろ、道教の祖である老子が函谷関を西に向かって通過したとき、関守の尹喜に「私を成都の青羊肆にたずねて来るように」と言った青羊肆を前身とする。唐代の666年に青羊宮となって手厚く保護され、775年に成都に蒙塵した唐の玄宗、881年に蒙塵した僖宗もここ青羊宮に滞在している。「山門」「混元殿」「八卦

王建に仕える文人の石像が立つ

青羊宮は成都屈指の道教寺院

亭」「三清殿(無極殿)」「斗姥殿」と続き、とくに三清殿の香炉前におかれた2体の銅製羊像(青羊)が知られる。2月15日の老子の誕生日から1か月ほど、青羊宮で開かれた花市(廟会)は、成都の風物詩として知られてきた。

成都と道教

　道教の祖とされる周代(紀元前6世紀ごろ)の老子ゆかりの道教寺院青羊宮。また成都郊外の青城山は、後漢時代に張陵が太平道とならんで史上初の道教教団となる五斗米道の拠点とした道教発祥地であること。こうしたことから、成都は道教の伝統を今に受け継ぐ街でもあり、この街のランドマークである天府広場には、陰と陽の気が交わる「八卦太極図」が描かれている。

琴台路／琴台路 ★☆☆
qín tái lù
チィンタァイルウ

　成都旧城の西門外を南北に走る全長570mの琴台路。漢代と唐代の成都の街並みが再現され、高さ10mほどの牌楼が立つ。花崗岩の敷かれた道路の両脇には、黒の屋根瓦をもつ2〜4階建ての建物が続き、川劇が演じられる劇場の蜀風雅韻も位置する。琴台という名称は、成都を代表する文人の司馬相如(紀元前179〜前117年)が、富豪の娘の卓文君を琴をひきながら口説き、駆け落ちして、ふたりが結ばれた故事にちなむ。

杜甫草堂／杜甫草堂 ★★☆
dù fù cǎo táng
ドゥフウツァオタァン

　李白とともに盛唐を代表する詩人にあげられる詩聖の杜甫(712〜770年)。杜甫は若いころ科挙に失敗し、李白や高適

と江南や山東を旅して遊んだ。やがて長安で仕官したが、それほどの地位は得られず、安史の乱にあたって『春望(国破れて山河あり/城春にして草木深し)』を詠んでいる。長安の混乱、自身の左遷もあって杜甫は甘粛、四川を転々とし、759年、成都に入り、喧騒から離れた成都郊外の浣花渓ほとりに小さな庵(草堂)を結んだ。ここ成都で、杜甫は『蜀相』『春夜喜雨』『茅屋為秋風所破歌』などを詠み、杜甫の人生でもっとも幸せな時代であった(また49〜54歳の成都時代に詩風が大きく変貌をとげたという)。54歳になった杜甫は帰郷するため、成都から長江をくだったが、湖南省で病死した。杜甫草堂は成都時代の杜甫を記念してつくられたが、すぐに荒廃し、北宋元豊年間(1078〜85年)の成都知事の呂大防が草堂を再建して杜甫の肖像画をかざった。その後、祠堂や庭園がつくられていき、明代の1500年、清代の1811年の改築をへて、現在の姿となった。

杜甫草堂の構成

　浣花渓に面した杜甫草堂博物館は、大きく西側の「草堂エリア」と東側の「草堂寺エリア」からなる。草堂エリアは、東呉へむかう万里船が泊まっていたという「正門」、透き通った渓流の流れる「大廨」、杜甫にまつわる展示が見られる「詩史堂」、杜甫が水辺に親しんだ「水檻」、このエリアの中心で杜甫をまつる「工部祠」(成都時代の杜甫は、工部員外郎という肩書だった)、杜甫の号「少陵」からその名前がとられた碑「少陵草堂碑」、屋根に苔が生え杜甫の草堂を再現した四川の地方建築「茅屋」が位置する。西側の「草堂エリア」と東側の「草堂寺エリア」は、花の植えられた「花径(花小道)」で結ばれている。「草堂寺エリア」の中心には、大雄宝殿にあたった「大雅堂」が立つ。また敷地のなかには六角形の楼閣「万仏楼」がそびえ、唐代の井戸や遺構が発掘された「唐代遺跡」も残る。

浣花渓のほとり静かな環境で杜甫の名作が生まれた

成都時代の杜甫の足跡をたどる

古い街並みが再現された琴台路

浣花渓／浣花渓 ★☆☆
huàn huā xī
フゥアンフゥアシイ

　成都旧城の西城外を流れ、錦江にそそぐ浣花渓。成都市街の喧騒を離れたこのあたりは、多くの文人、官吏、富豪たちに愛され、文人の杜甫や薛濤、陸游ゆかりの場所でもあった。成都を代表する景勝地の百花潭公園はかつてこの浣花渓にあったと言われ、唐の女流詩人薛濤(762年ごろ～834年ごろ)も浣花渓のほとりに暮らし、明代に望江楼に遷されるまでは薛濤井もこちらにあった。諸葛孔明とともに杜甫は成都で愛され、武侯祠とならんで杜甫草堂を訪ねる成都人の姿が途絶えることはなかった。

四川博物院／四川博物院 ★☆☆
sì chuān bó wù yuàn
スウチュウアンボオウウユゥエン

　中国の書画、陶磁器、青銅器、工芸品、玉器などを収蔵する四川博物院。工芸品や刺繍などの展示が見られる「工芸美術館」、成都で起こり辛亥革命への導線となった保路運動に関する「共和之光」、四川地区でのチベット仏教の仏像や曼荼羅、楽器などを展示する「チベット仏教文物館」、唐代の皇帝蒙塵以来の伝統をもつ水墨画が見られる「書画館」、青羊宮窯をはじめ成都や近郊で焼かれた青華の陶器を集めた「陶磁館」、漢代の陶器に刻まれ、人々の風俗模様がわかる「陶石芸術館」、万仏寺から出土した仏教石刻をあつかう「万仏寺石刻館」、巴蜀地域で出土した青銅器の「巴蜀青銅館」などの展示からなる。2009年にここ市街西部の新館が完成した。

Saisentan No Seito
成都は最先端の都市

四川ではじまったという喫茶の文化
2000年以上の伝統をもつ漢方薬や工芸品
新しいもの好きで知られるのも成都人気質

四川と喫茶

　成都では街のいたるところに茶館があり、昼食後のひとときをゆったりと過ごすのも成都流。茶館でお茶を飲み、おしゃべりをし、麻雀をし、地方劇を観、あんま、修脚、耳かきなどをする人の姿もある。現在世界中で飲まれている茶の原産地は、雲南、貴州、四川に広がる雲貴高原で、南北朝（5〜6世紀）時代に四川ではじめて「茶を飲む」という喫茶の文化が生まれたという（茶館の起源は四川にある）。成都では茉莉花茶（ジャスミン茶）が好まれ、茶葉を葉子と呼び、飲茶、喝茶と呼ばず、「喫茶」と呼ぶ。また成都人は茶館を、茶鋪、茶社、茶楼などと呼ぶ。庶民は塩分をふくむ井戸水で茶を飲み、錦江の水や望江楼の薛濤井の水で飲む茶はおいしく、高級品とされてきた。

成都で演じられる川劇

　四川省で演じられてきた地方劇を「四川の劇」こと川劇と呼ぶ。この川劇は、京劇よりも歴史が古く、明末には形成され、清（1616〜1912年）代に独特の発展をとげた。それは清代、明末清初の農民反乱（張献忠）で荒野と化した四川への移民政策がとられたことと関係する。江蘇省の劇から

入ってきた声の調子や拍手、湖北省の湖北漢調、陝西省の秦腔から入ってきた乱弾というように、各地の音や技術が流入して川劇は生まれた。川劇は英語で、「四川オペラ」と呼ばれるほど、歌が多く、「臉譜」という隈取のお面(マスク)が、一瞬で次々に変わる変面絶技も川劇の大きな特徴にあげられる。この川劇は四川や成都各地の劇場、茶館などで演じられ、親しまれてきたほか、貴州、雲南、湖北、台湾などでも演じられている。

絹と糸がつむぐ

「蜀」という文字が蚕を意味するというように、四川では古くから養蚕が行なわれ、この地は養蚕の発祥地であるという。糸をつむいで織られた蜀錦は、成都の名産品として知られ、武侯祠近くに錦を管理する官営の錦官城があった(諸葛孔明も生産を奨励したという)。蜀錦は錦江(蜀江)で染めた糸で八角形や円を連続させ、花や獣、鳥などの文様をつくり、錦を織っていく。明代に織られた蜀錦は室町時代の日本に伝わり、京都の西陣織はこの蜀錦(蜀江の錦)をもとにつくられた。また四川の刺繍である蜀繍には、100種類以上の針の運びかたがあり、水のなかを泳ぐように刺繍する「芙蓉鯉魚」は30種類の手法を使うという。蜀繍は中国四大名繍のひとつとなっている。

漢方薬の本場

五斗米道を創始した後漢の張陵が、四川青城山を根拠地としたのも、この地に金丹(不老不死の薬)の材料の豊富な名山が多かったことが理由だった。豊かな自然と道教の伝統をもつ四川(成都)は、古くから漢方薬の本場として知られ、『針経』『脈診法』をのちの世に伝えた後漢の涪翁(郭玉)などを輩出した(四川省綿陽の出身で、針医術の名医)。中国医

学では、自然の植物や鉱物などを乾燥、また細切りにして使う生薬がもちいられた。またその使用方法が独特で、薬物についての本草学も発展した。四川は江南とともに、漢方薬の分野で、中国医学へ貢献してきた。

洗練された商圏

　家電量販店、百貨店がひしめきあう「春熙路」、日本のイトーヨーカドーの旗艦店をはじめ、オーシャン、メトロ、カルフールなど外資系の大型ショッピングモールが競うように出店している郊外の「双楠商圏」。成都の高級ブランドの店舗数と、ショッピングモールの総面積は中国有数だとされ、成都は買い物天国であるとともに、流通激戦区でもある。成都人は「新製品にすぐに反応する好奇心の強さ」「宵越しの金はもたない」「愛消費（消費を楽しむ）」といった性格をもち、中国全土に先んじるライフスタイルや変化の早さで知られる。同じ内陸都市として語られる成都と重慶を比べた場合、全人口では重慶が大きいが、都市自体の規模としては成都のほうが大きい。

道教発祥地のひとつ青城山の山門

古蜀国で使われていた黄金のマスク

満州族の暮らした少城が再開発された寛窄巷子

成都の麺料理、ボリュームたっぷり

Cheng Du Jiao Qu
成都郊外城市案内

成都郊外の風水のよい場所が選ばれた明蜀王陵
三星堆につながる古蜀の金沙遺跡
南郊外の開発区は新たな成都の金融中心となっている

金沙遺跡／金沙遗址 ★☆☆
jīn shā yí zhǐ
ジンシャアイイチイ

　金沙遺跡は、成都が中国化される以前の古蜀(紀元前316年以前)の古代文明遺跡。ここで古蜀人は、地面に柱を立て、泥で壁をつくり、地面を床として生活していて、当時の金器、銅器、玉器、石器、象牙器、象臼歯、象骨、漆木などが出土した。紀元前1200〜前650年の遺構が残る祭祀区は半円形の建物でおおわれ、「遺跡館」として整備されている。また「陳列館」には古蜀文明の特徴である黄金の仮面や、金沙遺跡に暮らした人たちの様子や出土品が展示されている。金沙遺跡は三星堆遺跡に続く時代の古代文明遺跡(十二橋文化)で、古蜀人はこちらに遷ってきたと考えられている(金沙遺跡の担い手は杜宇王朝だとされ、中原では殷、西周、春秋時代にあたる)。黄忠村の三合花園に位置する。

塔子山公園(九天楼)／塔子山公园 ★☆☆
tǎ zi shān gōng yuán
タアズウシャンゴォンユゥエン

　高さ70m、13層の九天楼がそびえる塔子山公園。九天楼は、隅の反り返る中国伝統の屋根、塔身部分は八角形、上部は方形の楼閣となっていて、上層からは成都の街を

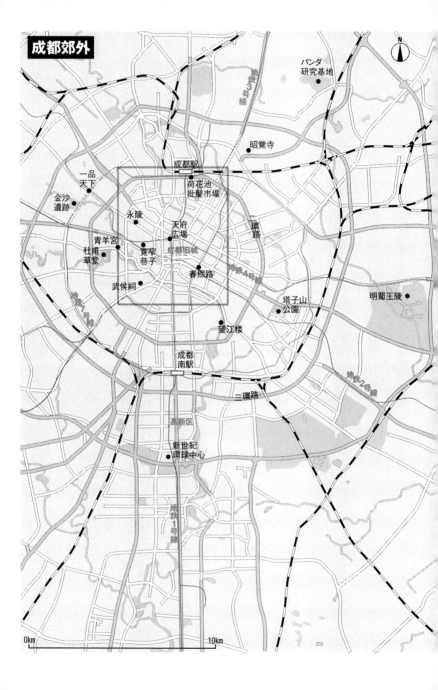

見渡せる。九天楼という名前は、成都を訪れた唐の李白が『登錦城散花楼』のなかで「今来一登望、如上九天遊(今ここにきて一度望めば、九天に上って遊ぶようだ)」と詠んだことに由来する。

明蜀王陵／明蜀王陵 ★☆☆
míng shǔ wáng líng
ミンシュウワンリン

　　明代の初代皇帝朱元璋(在位1368～98年)は中国各地に自らと血縁関係のある王族を封建し、四川は蜀の藩王である蜀王が統治した。蜀王は朱元璋第11子の朱椿(1371～1423年)を初代として13人、明末の1644年の張献忠の反乱で潰えるまで267年のあいだ続いた(朱椿が暮らした蜀王府は、現在の天府広場にあり、ここが明清時代を通じて成都の中心であった)。当初、蜀王の墓は成都北郊外の鳳凰山にあったが、第3代蜀王朱友塤(1409～34年)より成都東郊外の正覚山(大梁子)の麓に築かれるようになった。風水の優れたこの地には明代、四川

★★★
パンダ研究基地／大熊猫研究基地 xióng māo yán jiū jī dì ダアシオンマオヤンジィウジイディイ
寛窄巷子／宽窄巷子 kuān zhǎi xiàng zi クゥアンチャアイシィアンズウ
武侯祠／武侯祠 wǔ hóu cí ウウホォウツウ
★★☆
春煕路／春熙路 chūn xī lù チュンシイルウ
望江楼／望江楼 wàng jiāng lóu ワンジィアンロウ
永陵／永陵 yǒng líng ヨンリィン
青羊宮／青羊宫 qīng yáng gōng チィンヤァンゴォン
杜甫草堂／杜甫草堂 dù fǔ cǎo táng ドゥフウツァオタァン
★☆☆
金沙遺跡／金沙遗址 jīn shā yí zhǐ ジィンシャアイイチイ
塔子山公園(九天楼)／塔子山公园 tǎ zi shān gōng yuán タアズウシャンゴォンユゥエン
明蜀王陵／明蜀王陵 míng shǔ wáng líng ミンシュウワンリン
高新区／高新区 gāo xīn qū ガオシィンチュウ
新世紀環球中心／新世纪环球中心 xīn shì jì huán qiú zhōng xīn シィンシイジイフゥアンチゥウチォンシィン
天府広場／天府广场 tiān fǔ guǎng chǎng ティエンフウグゥアンチャアン
荷花池批発市場／荷花池批发市场 hé huā chí pī fā shì chǎng ハアフゥアチイピイファアシイチャアン
昭覚寺／昭觉寺 zhāo jué sì チャオジュエスウ

金沙遺跡から出土した黄金のマスク

発掘現場をおおうように博物館が建てられている

品定めする人、成都郊外にて

郊外の都市化も進み、街は拡大を続けている

を統治した蜀王の陵墓10座が残り、十陵という地名で呼ばれている。赤色の壁、黒瓦、地宮などから構成される陵墓群は、皇帝陵墓に準ずる様式をもち、第3代蜀王の朱友壎の僖王陵、第8代蜀王である昭王の昭王陵などが残る。

高新区／高新区 ★☆☆
gāo xīn qū
ガオシィンチュウ

2000年前後から西部大開発の旗がかかげられ、成都、重慶、西安がその中心となっていて、成都の高新区は1988年から開発がはじまった。手ぜまになった成都市街に対して、南郊外の高新区では巨大建築がならぶようになり、また現在では高新区のさらに南側に天府新区がつくられている。これら成都の開発区には、展示会施設、ビジネス拠点、ショッピング、ホテルなどが一体化した「新世紀環球中心」、成都の新たな芸術、文化を発信する「新世紀現代美術センター」、展示会などが行なわれる会議センター「世紀城新国際会議中心」などが位置する。また市街部にくらべてゆったりとした街区をもち、豊かな自然と美しい夜景でも知られる。

新世紀環球中心／新世纪环球中心 ★☆☆
xīn shì jì huán qiú zhōng xīn
シィンシイジイフゥアンチュウチョンシィン

展示会施設、ビジネス拠点、ショッピング、ホテルなどが一体化した新世紀環球中心(New Century Global Center)。南北500m、東西400mという巨大な規模で、建物の高さは最高で130m、内部は18階まで吹き抜けになっている。屋内ビーチやスケートリンクも位置する。

Du Jiang Yan
都江堰鑑賞案内

**今から2500年前につくられた奇跡の水利技術
それは今でも稼働を続けている
万里の長城や大運河ともくらべられる土木工事**

都江堰／都江堰★★★
dū jiāng yàn
ドゥジアンイェン

　秦の蜀郡の太守李冰とその子によって、都江堰は紀元前256年から前51年のあいだに造営された。当時の岷江は暴れ川で、成都平原への水量は一定せず、そのために収穫高がかんばしくなかった。そこで、成都に赴任した李冰は、岷江が成都平原へ出るこの地一帯を調査し、必要な水を成都（内江）へ流し、不要な水を外（外江）へ流す水利施設の都江堰を考えだした。都江堰は山岳部の上流から流れてきた岷江が、ちょうど平原部に出る地点に築かれており、ここから水がいくつもの方向へ分水されていく。灌漑と洪水を同時に行なう都江堰によって、成都平原は「天府の国」と言われる穀倉地帯に変貌し、以後、2500年に渡って四川の地をうるおすことになった。都江堰は、現地で安く調達できる竹、玉石、木材などを素材とし、万里の長城や大運河が時代とともに役割を終えたのに対して現在でも使用されている。

都江堰の仕組み

　碧色の岷江の流れは、都江堰先端の「魚嘴」で、必要な水は「内江（成都方面）」、不要な水は「外江（岷江）」にまずわけられ

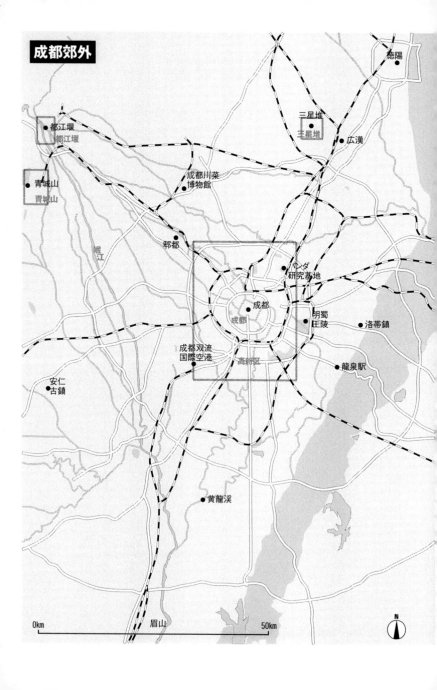

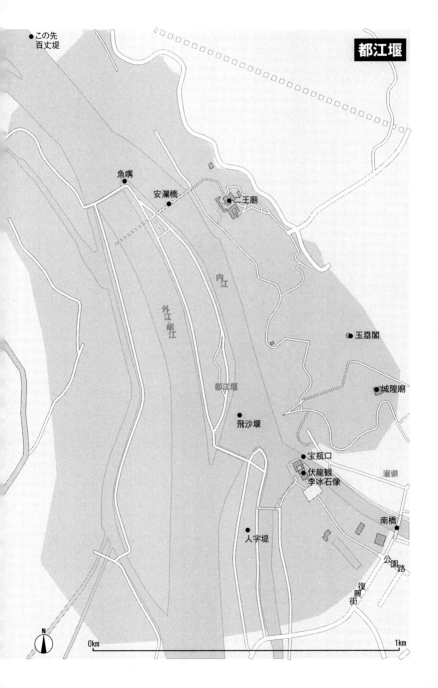

る。内江と外江の川底と川幅の比率が4対6(もしくは6対4)にされ、川底は内江がより深く、川幅は外江がより広くなっている。こうして、水が少ないときにはより川底の深い内江へ流れ、水が多いときにはより川幅が広い外江へ流れるようになる。内江は「魚嘴」から1kmほど流れたのち、瓶のノドのように川幅が狭くなった「宝瓶口」にたどり着く。そこを通って内江の水は、必要な分だけ成都方面へ流れていく。また「魚嘴」と「宝瓶口」のあいだには、意図的に低くつくられた堤防「飛砂堰」ももうけられている。これは仮に「魚嘴」から内江に多すぎる水が入っても、「飛砂堰」の高さを越えた水は外江に戻っていくようにするため。李冰はこの一大水利施設の造営にあたって、まず「宝瓶口」からはじめ、続いて「魚嘴」、最後に「飛砂堰」がつくられた。

安瀾橋／安澜桥 ★☆☆
ān lán qiáo
アンラァンチァオ

　内江にかかり、中国五大古橋にもあげられる長さ313mの安瀾橋。都江堰と李冰をまつる二王廟を結ぶこの橋は、宋代には評事橋、また珠浦橋と呼ばれ、明末に破壊されたのち、

★★★
都江堰／都江堰 dū jiāng yàn ドゥジアンイェン
青城山／青城山 qīng chéng shān チィンチェンシャン
パンダ研究基地／大熊猫研究基地 xióng māo yán jiū jī dìダアシィオンマァオヤンジィウジイデイ
★★☆
三星堆博物館／三星堆博物馆 sān xīng duī bó wù guǎn サァンシィンドゥイボオウグゥアン
★☆☆
安瀾橋／安澜桥 ān lán qiáoアンラァンチァオ
二王廟／二王庙 èr wáng miàoアアワァンミィアオ
伏龍観／伏龙观 fú lóng guānフウロオングゥアン
南橋／南桥 nán qiáoナンチァオ
高新区／高新区 gāo xīn qūガオシィンチュウ
成都川菜博物館／成都川菜博物馆 chéng dū chuān cài bó wù guǎnチェンドゥチュアンツァイボオウグゥアン

岷江の水を内江（右）と外江（左）にわける魚嘴

安瀾橋を渡った先に二王廟が立つ

宝瓶口（左の流れ）のそばに立つ伏龍観

マルコポーロも南橋のような四川の橋について記していた

清代の1803年に修建された。そして「安渡狂瀾(すさまじい流れでも安心して渡れる)」という意味で、安瀾橋と名づけられた。現在のものは1974年に修建されたもの。

二王廟／二王庙 ★☆☆
èr wáng miào
アアワンミィアオ

都江堰を見下ろすように立つ、都江堰を築いた李冰と、その息子の二郎がまつられた二王廟。後漢時代の創建で、当初は古蜀の王である望帝杜宇がまつられていた。南朝斉の建武年間(494～498年)にこの廟は、李冰父子をまつる崇徳廟となり、清朝乾隆帝時代に二王廟となって現在にいたる(乾隆帝時代に李冰父子が王に封建されたことから、ふたりの王を意味する二王という)。

伏龍観／伏龙观 ★☆☆
fú lóng guàn
フウロォングゥアン

李冰が岷江の龍を退治して封じ込めた場所に立つ伏龍観。宝瓶口のそばで、晋代に建てられたのち、何度も修建されてきた。1974年、外江の水量を調節する際に、川床から都江堰造営当時の李冰石像が偶然、発見され、その李冰石像が安置されている。

南橋／南桥 ★☆☆
nán qiáo
ナンチャオ

灌県の南門から都江堰に向かって伸びる豪華な南橋。四川省で見られる風雨橋という屋根つきの橋で、長さ54m、幅12mで、5孔、3層の屋根をもつ。現在の橋は、1979年に重建されたもの。

岷江と天府の国

　古代中国の『書経』に「長江の源流」と記されて以来、清代まで、岷江が長江の源流だと信じられていた。岷江は四川の母なる河で、四川ではただ「江」と呼ばれることもある(年間平均水量は黄河を超える)。岷山山脈の麓から流れる全長793kmの岷江は松潘をへて、都江堰で丘陵から平野に入り、成都平原を南下していく。楽山で支流の大渡河をあわせ、宜賓で長江に合流、その後、長江は重慶で嘉陵江と合流し、やがて三峡を過ぎると、川幅が一気に広くなる。岷江は、雨季と乾季で水量がいちじるしく異なる暴れ川だったが、その性格を都江堰が変えたことで四川は天府の国になった。岷江は都江堰で外江と内江にわかれるが、成都付近では錦江と呼ばれ、成都を過ぎると再び1本の河川に戻る。

Qing Cheng Shan
青城山鑑賞案内

都江堰とともに世界遺産に指定されている青城山
青々とした緑が茂り
幽玄の世界が広がる道教聖地

青城山／青城山★★★
qīng chéng shān
チィンチェンシャン

　四川省を代表する名山で、古くから神仙が降臨すると伝えられてきた青城山。四季を通じて緑豊かで、青い峰が連続して城郭のように見えることから、この名前がつけられた。後漢時代に史上初の道教教団である五斗米道の張陵がここを拠点に布教したため、青城山は道教発祥地のひとつとされる。晋代以降、道観や寺廟がいくつも建設され、最盛期、その数は100を超え、道教の「第5洞天」にもあげられた。高山の針葉樹から低地の闊葉樹まで700種類という豊富な樹木が茂り、36座の翠峰、8つの大洞、72の小洞、108景をそなえる風光明媚な地として、多くの宗教家、文人、芸術家が青城山を訪れてきた。都江堰の南西15kmにあたるこの地は、チベット高原の東端でもあり、岷山雪嶺を背後に、成都平原を前方にのぞむ。

建福宮／建福宮★★☆
jiàn fú gōng
ジィエンフウゴォン

　青城山の山門外側に立つ建福宮。青城山の主神である寧封真人(五岳丈人)をまつる。晋(265〜420年)代に創建され、唐代

青城山

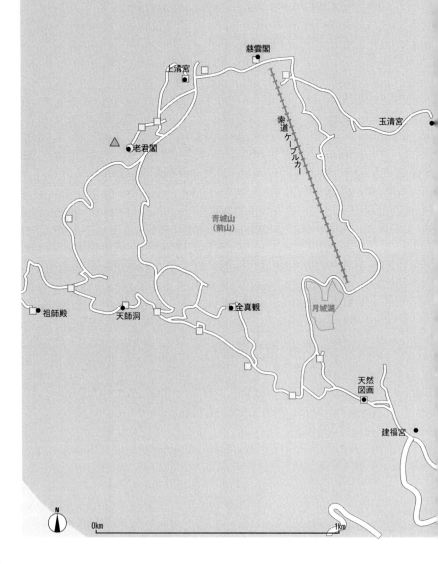

の730年に現在の姿となった。

青城山の構成

青城山にいたるまでに、「青城天下幽の石碑」、「赤城閣の山門」、「西蜀第一山の山門」と続き、青城山山麓に立つ建福宮が現れる。「建福宮」から登っていくと尾根上から見る情景が絵画を思わせる「天然図画」、四面を山に囲まれ、青城山の清らかな水が流れこむ「月城湖」が位置する。「月城湖」から上方に索道が伸び、登った先には道教寺院の「上清宮」が立つ。また青城山には後漢代、張陵が修行したという場所「天師洞」、晋(265～420年)代に創建された道観「祖師殿」、道教の一派全真教の「全真観」、円明道母天尊(斗母元君)をまつった「円明宮」、道教最高神の元始天尊をさす「玉清宮」、海抜1260mの頂部には9層、高さ33mの「老君閣」というように、寺廟が点在する。また青城山には、道教発祥地で、より市街地に近い「前山」と、より自然豊かで幽玄な「後山」が位置する。

天師洞／天师洞 ★★☆
tiān shī dòng
ティエンシイドォン

後漢代に道教の張陵が修行したという天師洞。張陵はこのあたりで悪魔と戦い、小屋を建て、その教え(道教)を説いたという。海抜1000mの地点に位置する。

★★★
青城山／青城山 qīng chéng shān チィンチェンシャン

★★☆
建福宮／建福宫 jiàn fú gōng ジィエンフウゴォン
天師洞／天师洞 tiān shī dòng ティエンシイドォン
上清宮／上清宫 shàng qīng gōng シャンチィンゴォン

★☆☆
老君閣／老君阁 lǎo jūn gé ラァオジュンガア

青城山で最高の格式をもつという上清宮

上清宮／上清宮 ★★☆
shàng qīng gōng
シャンチンゴォン

　青城山の尾根上に立つ道教寺院の上清宮。晋代に創建をさかのぼる青城山最高の古刹で、道教の祖とされる李老君像(老子像)を安置する老君殿を本殿とする。「天下第五名山」「青城第一峰」などの磨崖彫刻が見える。

老君閣／老君阁 ★☆☆
lǎo jūn gé
ラァオジュンガア

　海抜1260m、青城山の最高峰に立つ9層、高さ33mの老君閣。太上老君(道教の祖とされる老子)が安置されている。青城山の建築群では比較的新しく、1980年代末に建てられ、2008年の地震の後、再建された。

五斗米道とは

　太平道とともに最初の道教教団とされる五斗米道は、後漢(25〜220年)末期に張陵によって創始された。江蘇省北部(沛)出身の張陵は、太学に入って儒教を学んだが、晩年になって長生きには儒教が何の役にも立たないことを知った。そこで金丹(不老不死の薬)をつくるための材料が豊富な名山の多い四川へ移住し、鶴鳴山や青城山、その周囲を拠点とした。後漢末の混乱にあって、張陵は祈祷による病気の治癒や呪術的方法によって信者を獲得していき、最初に「五斗の米」を出させたことから、この教団は五斗米道と呼ばれた。張陵は子の張衡と孫の張魯に自らの法を伝えたといい、五斗米道の教団が魏の曹操の影響に入ったあと、張魯の3男の張盛は張陵以来伝わっていた五斗米道の印鑑と剣をもって、江西省龍虎山に遷り、そこで教団を再興した。張盛の子孫は、代々、天師と称したから、この教団は天師道と呼ばれ

幽玄な道教的世界が広がる

西蜀第一山の扁額が見える山門

月城湖から上部にケーブルカーが伸びる

るようになり、龍虎山の道教はその後、2000年に渡って続くことになった。

San Xing Dui
三星堆鑑賞案内

黄河文明とも長江文明とも異なる
中国第3の古代文明にもあげられる三星堆遺跡
古蜀にあった仮面王国の姿

三星堆博物館／三星堆博物館★★☆
sān xīng duī bó wù guǎn
サンシンドゥイボオウウグゥアン

　1986年、ここ三星堆の地から多数の玉器、青銅製人像、仮面、金の杖、純金のデスマスク、大量の青銅器が発掘され、古代文明の足あとが確認された。それは黄河流域で殷の栄えた紀元前2000〜前900年ごろのもので、養蚕、柏樹信仰、鵜飼、稲作、太陽信仰、霊亀信仰、聖石崇拝を特徴とした。とくに目の飛び出した奇異な仮面が注目され、三星堆は「謎の仮面王国」とも呼ばれてきた。三星堆博物館は、総合館(第一展館)と青銅館(第二展館)からなり、この地で発掘された出土品や当時の人びとの様子をうかがうことができる。三星堆遺跡は、博物館の南西2kmに位置する。

三星堆博物館からの出土物

　三星堆博物館には、この地から出土した黄金や三星堆人の信仰を映す青銅器が展示されている。高さ3.95mに達する神樹「通天神樹」は、古蜀人の智慧と精神性の象徴で太陽信仰の象徴とされる。また目の突き出した仮面の「銅鋳幻面・寄載魂霊」は、中国の史書『華陽国志』にある「蜀侯に蚕叢あり。その目、縦なり。始めて王と称す」という記述を証明し

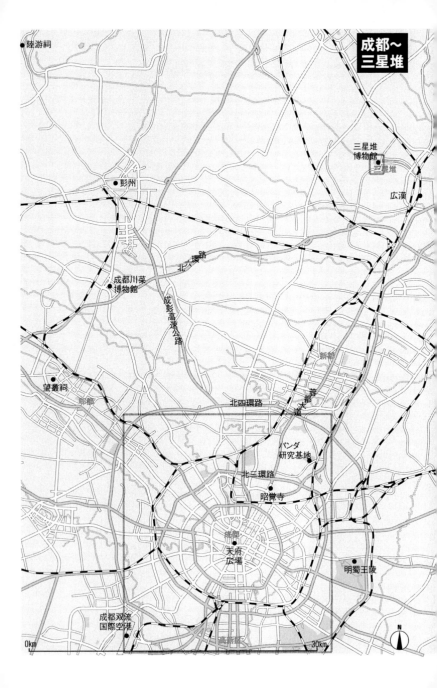

た。高さ2.62mの台座つき立人像の「蠢立凡間・溝通天地(群巫之長)」は、両手で何かをもっていたかのような不思議なたたずまいをしている。

古蜀国とは

　秦が四川を領有する紀元前316年以前、この地には中国とは異なる習俗をもつ人たちが暮らしていた。「古代四川(古蜀)では蚕叢、柏灌、魚鳧、開明が王を名乗り、漢族とは異なる服装、髪型、文字を知らない」と楊雄の『蜀王本紀』には記されていて、これが三星堆の担い手であったと考えられる。古蜀人は、最初、岷山の石室に暮らしていて、蚕叢が人びとに養蚕を教えたといい、やがて山から平野部(三星堆)に下りてきた。また、望帝杜宇が人びとに農業を教え、都を成都近くの郫県もしくは瞿上に遷したという。この古蜀の人たちは羌族や氐族、現在のロロ族のようなチベット・ビルマ語系統の民族だったと考えられている。紀元前316年、中原進出を模索する秦が四川を攻め、古蜀は秦恵王の軍の張儀らによって滅ぼされた。そして、秦から1万戸の民がこの地へ移住させられ、古蜀は中国化していった。

成都川菜博物館／成都川菜博物馆 ★☆☆
chéng dū chuān cài bó wù guǎn
チェンドゥチュウアンツァイボオウグゥアン

　成都北郊外の郫都区古城鎮に位置する成都川菜博物館。

★★☆
三星堆博物館／三星堆博物馆 sān xīng duī bó wù guǎn サァンシィンドゥイボオウグゥアン
パンダ研究基地／大熊猫研究基地 xióng māo yán jiū jī dì ダアシィオンマァオヤンジィウジイデイ

★☆☆
成都川菜博物館／成都川菜博物馆 chéng dū chuān cài bó wù guǎn チェンドゥチュウアンツァイボオウグゥアン
明蜀王陵／明蜀王陵 míng shǔ wáng líng ミィンシュウワンリィン
高新区／高新区 gāo xīn qū ガオシィンチュウ
天府広場／天府广场 tiān fǔ guǎng chǎng ティエンフウグゥアンチャアン

天に向かって伸びる神樹

黄河文明とも長江文明とも似ていない三星堆の出土品

強調された大きな目の青銅製仮面

右手と左手で何かをもっていたと考えられる

川菜とは中国四大料理のひとつの四川料理のことで、唐辛子や花椒(山椒)をたっぷり使うことで知られる。四川料理では、麻婆豆腐、棒々鶏(バンバンジー)、魚香肉絲(ユゥシャンロースー)などのほかに、ザーサイなどの漬けものが多く、成都川菜博物館では、食材、食器、この地方の民居が見られる。

Utsurikawari
城市のうつりかわり

1年で居は聚になり、2年で邑になり、3年で都になった
「都に成る」が成都という街の由来
天府の国とたたえられた四川の省都

古蜀国（〜紀元前4世紀）

　成都の古名の「蜀」という文字は、繭をつくる蚕のかたちに由来するという。中原からは遠いこの地では、殷周時代、中華文明とは異なる三星堆文化が栄え、四川地域は巴こと重慶とあわせて巴蜀と呼ばれた。古蜀国の始祖である蚕叢は、岷江上流（岷山石室）を本拠とし、牧畜を生業としていた。髪をたばねて後ろにたらし、左前で文字や礼儀、音楽を知らなかった。この古蜀の担い手は羌族などチベット系の人びとだったと考えられ、蚕を育て、絹をつくり、農耕生活を営んでいた。やがて岷江上流域から成都平原（三星堆）へと遷ってきて、成都平原の郫邑、瞿上を都とした。当時の古蜀の様子は、目の飛び出した仮面、青銅器が出土した三星堆や金沙遺跡で確認できる。当時、成都平原は「都広の野」と呼ばれ、古蜀の人たちにとって天地の中心であり、神々が登り降りする特別な場所だった（建木という天梯があり、そのうえを太陽を運ぶ鳥が通るという）。一方、中国側は「黄帝の子（昌意）が四川に派遣され、そこで蜀山氏の娘（昌僕）をめとって生んだのが高陽（のちの帝王の顓頊）である」というように、中原と成都を関連づけている。

秦漢（紀元前4〜3世紀）

　成都が中国化したのは春秋末期のことで、のちに始皇帝を輩出する秦によるものだった。当時の秦では、隣国の韓に攻める案と、先に蜀を攻めて後背地を整備するべきという案のふたつがあり、秦の恵文王は後者の案を採用。古蜀は紀元前316年、秦に滅ぼされた。秦は移民を大量に送り、成都に城を築いて、四川の中国化が進んだ。こうして四川の開発は、秦代からはじまり、とくに秦の李冰が水利施設の都江堰を造営したことが特筆される。続く漢（紀元前202〜220年）代の成都には7.6万世帯、40万人の人が暮らし、全国六大都市に名を連ねていた（秦漢時代に蜀郡、後漢時代には益州に属した）。当時、成都には、織錦の工匠と生産を管理する官署の錦官城がおかれ、また全国有数の塩（塩井戸）の生産地でもあり、この時代に「天府の国」という性格がつくられた。また後漢初期に公孫述が成都尹をおき、中央から離れた独立国をつくったこと、後漢末に青城山を中心に道教教団がつくられたことも、のちの成都に影響をあたえる大きな出来事だった。

三国〜南北朝（3〜6世紀）

　後漢末の混乱のなかで、漢王朝の末裔を自認する劉備玄徳（161〜223年）は、関羽、張飛と義兄弟のちぎりを結び、各地を転々としながら機会をうかがっていた。三顧の礼で諸葛孔明を軍師として迎えた劉備は、魏の曹操孟徳と、呉の孫権に対抗するため、蜀（成都）に入る「天下三分の計」を授けられる。こうして四川入りした劉備は、皇帝に即位し、成都は蜀の都となった（当時の蜀の領域は、四川、貴州、雲南におよんだ）。三国、晋に続く五胡十六国時代になると、氐族の成漢（302〜347年）が成都に都をおいた。続く南北朝時代をあわせてこの時代は氐族の前秦が成都を領有したことはあったが、おおむね成都は南京の南朝の領域となっていた。とくに成都万仏寺

武侯祠に隣接する錦里古街の露店

いくつもの店舗がならぶ春熙路

成都は内陸中国を代表する観光都市

三星堆の神樹は生命力を象徴する

から出土した南朝仏教の遺構が特筆され、この時代に諸葛孔明の武侯祠も成都ではじめて建てられた。

唐、五代十国、宋 (7～13世紀)

　唐代になると、長江上流の四川盆地の開発はさらに進み、塩や銅の利益、豊かな物産を背景に、成都は発展していった。唐代の成都は長安、揚州、敦煌とならぶ四大都市にあげられ、「揚一益二(揚州が1番で、成都が2番)」という言葉も聞かれた。杜甫や李白といった詩人が成都で活躍し、また中原の混乱を避けて、玄宗、僖宗らが滞在したため、官僚や文人も多く移住し、成都で華やかな文化が咲き誇った。五代十国になると、成都は地方王権の前蜀(907～925年)、後蜀(935～965年)の都となり、前蜀王建の陵墓である永陵が成都市街に残っている。また後蜀の孟知祥の子孟昶が成都の城壁に芙蓉樹を植えたため、成都は芙蓉城とも呼ばれるようになった。唐から五代十国を通じて成都では大きな戦乱がなく、印刷や美術などの文化が栄えた。そのため、宋(北宋と南宋を通じて960～1279年)が成立すると成都の宝物は開封に運ばれ、宋は蜀と南唐の制度や文物をもとに国づくりを進めた。北宋時代、成都ではじめて紙幣がつくられたこと、益州、梓州、夔州、利州の川峡四路がおかれ、これが四川の名前の由来となったことも特筆される。

元、明、清 (13～20世紀)

　成都や四川は、モンゴル軍の南宋攻略のための経路となり、宋元交代期にモンゴル軍による虐殺も行なわれた。また元代、統治者として回族が移住してきて、イスラム教が成都に浸透していった。続く明代、朱元璋は自らの一族を各地に封建し、第11子朱椿が初代蜀王となった。蜀王は成都旧城中心の蜀王府(皇城、現在の天府広場)に暮らし、以後、10世13王、

267年続き、成都の北郊外と東郊外に墓陵が残っている。明清交代期の戦乱で四川は荒野と化し、清初、それを埋めるために湖北、湖南などから多くの移民が遷ってきた(これが現在の四川省の性格をかたちづくった)。清代の成都には、統治者である満州族が暮らす少城(満城)があり、寛窄巷子はその当時の面影を残している。最盛期には2万人の兵、その家族3〜4万人が住んでいたという。

近現代 (20〜21世紀)

1911年の辛亥革命の導火線となる保路運動(四川省の利権を外国に渡すな)は成都を中心に起こり、人民公園に辛亥秋保路死事紀念碑が残っている。このとき力を発揮したのがこの地方を拠点とする秘密結社哥老会だったとされ、成都の茶館などで草の根的に運動は広がっていった(やがて成都で大漢軍政府が樹立され、清朝から独立した)。1937〜45年の日中戦争では、南京にあった国民政府が四川地域の重慶に遷され、一時的に内陸の四川に避難するという性格は、三国志時代より変わらないものだという。1949年に中華人民共和国が成立すると、成都は四川省の省都となり、やがて重慶は四川省から切り離された。成都は商業都市、金融都市、観光都市、工業都市といったさまざまな顔をもち、21世紀に入ってからは重慶、西安とともに西部大開発の旗手となっている。また四川料理の本場であり、美食の都としても注目されている。

城市のうつりかわり

参考文献

『成都・重慶物語』(筧文生/集英社)
『中国の歴史散歩4』(山口修・鈴木啓造/山川出版社)
『美しい中国 成都』(陳克/人民中国)
『美しい中国 成都』(単濤・陳克/人民中国)
『成都のチベット名に就いて』(榎一雄/東洋学報)
『成都市および近郊地域における観光地開発の現況』(劉岩・万可・李力・下川敏雄・大山勲/日本感性工学会論文誌)
『明代蜀王府と成都三護衛』(川越泰博/史学)
『唐・宋時代における仏牙舎利伝来の様相』(王衛明/京都橘大学研究紀要)
『杜甫と裴冕』(松原朗/専修人文論集)
『世界大百科事典』(平凡社)
[PDF]成都地下鉄路線図 http://machigotopub.com/pdf/chengdumetro.pdf
[PDF]成都空港案内 http://machigotopub.com/pdf/chengduairport.pdf

まちごとパブリッシングの旅行ガイド
Machigoto INDIA , Machigoto ASIA , Machigoto CHINA

北インド-まちごとインド

- 001 はじめての北インド
- 002 はじめてのデリー
- 003 オールド・デリー
- 004 ニュー・デリー
- 005 南デリー
- 012 アーグラ
- 013 ファテープル・シークリー
- 014 バラナシ
- 015 サールナート
- 022 カージュラホ
- 032 アムリトサル

西インド-まちごとインド

- 001 はじめてのラジャスタン
- 002 ジャイプル
- 003 ジョードプル
- 004 ジャイサルメール
- 005 ウダイプル
- 006 アジメール(プシュカル)
- 007 ビカネール
- 008 シェカワティ
- 011 はじめてのマハラシュトラ
- 012 ムンバイ
- 013 プネー
- 014 アウランガバード
- 015 エローラ
- 016 アジャンタ
- 021 はじめてのグジャラート
- 022 アーメダバード
- 023 ヴァドダラー(チャンパネール)
- 024 ブジ(カッチ地方)

東インド-まちごとインド

- 002 コルカタ
- 012 ブッダガヤ

南インド-まちごとインド

- 001 はじめてのタミルナードゥ
- 002 チェンナイ
- 003 カーンチプラム
- 004 マハーバリプラム
- 005 タンジャヴール
- 006 クンバコナムとカーヴェリー・デルタ
- 007 ティルチラパッリ
- 008 マドゥライ
- 009 ラーメシュワラム
- 010 カニャークマリ
- 021 はじめてのケーララ
- 022 ティルヴァナンタプラム
- 023 バックウォーター(コッラム~アラップーザ)
- 024 コーチ(コーチン)
- 025 トリシュール

ネパール-まちごとアジア

001 はじめてのカトマンズ
002 カトマンズ
003 スワヤンブナート
004 パタン
005 バクタプル
006 ポカラ
007 ルンビニ
008 チトワン国立公園

バングラデシュ-まちごとアジア

001 はじめてのバングラデシュ
002 ダッカ
003 バゲルハット(クルナ)
004 シュンドルボン
005 プティア
006 モハスタン(ボグラ)
007 パハルプール

パキスタン-まちごとアジア

002 フンザ
003 ギルギット(KKH)
004 ラホール
005 ハラッパ
006 ムルタン

イラン-まちごとアジア

001 はじめてのイラン
002 テヘラン
003 イスファハン
004 シーラーズ
005 ペルセポリス
006 パサルガダエ(ナグシェ・ロスタム)
007 ヤズド
008 チョガ・ザンビル(アフヴァーズ)
009 タブリーズ
010 アルダビール

北京-まちごとチャイナ

001 はじめての北京
002 故宮(天安門広場)
003 胡同と旧皇城
004 天壇と旧崇文区
005 瑠璃廠と旧宣武区
006 王府井と市街東部
007 北京動物園と市街西部
008 頤和園と西山
009 盧溝橋と周口店
010 万里の長城と明十三陵

天津-まちごとチャイナ

001 はじめての天津
002 天津市街
003 浜海新区と市街南部
004 薊県と清東陵

上海-まちごとチャイナ

001 はじめての上海
002 浦東新区
003 外灘と南京東路
004 淮海路と市街西部

005 虹口と市街北部
006 上海郊外（龍華・七宝・松江・嘉定）
007 水郷地帯（朱家角・周荘・同里・甪直）

河北省-まちごとチャイナ

001 はじめての河北省
002 石家荘
003 秦皇島
004 承徳
005 張家口
006 保定
007 邯鄲

江蘇省-まちごとチャイナ

001 はじめての江蘇省
002 はじめての蘇州
003 蘇州旧城
004 蘇州郊外と開発区
005 無錫
006 揚州
007 鎮江
008 はじめての南京
009 南京旧城
010 南京紫金山と下関
011 雨花台と南京郊外・開発区
012 徐州

浙江省-まちごとチャイナ

001 はじめての浙江省
002 はじめての杭州
003 西湖と山林杭州
004 杭州旧城と開発区
005 紹興
006 はじめての寧波
007 寧波旧城
008 寧波郊外と開発区
009 普陀山
010 天台山
011 温州

福建省-まちごとチャイナ

001 はじめての福建省
002 はじめての福州
003 福州旧城
004 福州郊外と開発区
005 武夷山
006 泉州
007 廈門
008 客家土楼

広東省-まちごとチャイナ

001 はじめての広東省
002 はじめての広州
003 広州古城
004 天河と広州郊外
005 深圳（深セン）
006 東莞
007 開平（江門）
008 韶関
009 はじめての潮汕
010 潮州
011 汕頭

遼寧省-まちごとチャイナ

001　はじめての遼寧省
002　はじめての大連
003　大連市街
004　旅順
005　金州新区
006　はじめての瀋陽
007　瀋陽故宮と旧市街
008　瀋陽駅と市街地
009　北陵と瀋陽郊外
010　撫順

重慶-まちごとチャイナ

001　はじめての重慶
002　重慶市街
003　三峡下り（重慶〜宜昌）
004　大足

四川省-まちごとチャイナ

001　はじめての四川省
002　はじめての成都
003　成都旧城
004　成都周縁部
005　青城山と都江堰
006　楽山
007　峨眉山
008　九寨溝

香港-まちごとチャイナ

001　はじめての香港
002　中環と香港島北岸
003　上環と香港島南岸
004　尖沙咀と九龍市街
005　九龍城と九龍郊外
006　新界
007　ランタオ島と島嶼部

マカオ-まちごとチャイナ

001　はじめてのマカオ
002　セナド広場とマカオ中心部
003　媽閣廟とマカオ半島南部
004　東望洋山とマカオ半島北部
005　新口岸とタイパ・コロアン

Juo-Mujin（電子書籍のみ）

Juo-Mujin香港縦横無尽
Juo-Mujin北京縦横無尽
Juo-Mujin上海縦横無尽
Juo-Mujin台北縦横無尽
見せよう！上海で中国語
見せよう！蘇州で中国語
見せよう！杭州で中国語
見せよう！デリーでヒンディー語
見せよう！タージマハルでヒンディー語
見せよう！砂漠のラジャスタンでヒンディー語

自力旅游中国Tabisuru CHINA

001　バスに揺られて「自力で長城」
002　バスに揺られて「自力で石家荘」
003　バスに揺られて「自力で承徳」
004　船に揺られて「自力で普陀山」
005　バスに揺られて「自力で天台山」
006　バスに揺られて「自力で秦皇島」
007　バスに揺られて「自力で張家口」
008　バスに揺られて「自力で邯鄲」
009　バスに揺られて「自力で保定」
010　バスに揺られて「自力で清東陵」
011　バスに揺られて「自力で潮州」
012　バスに揺られて「自力で汕頭」
013　バスに揺られて「自力で温州」
014　バスに揺られて「自力で福州」
015　メトロに揺られて「自力で深圳」

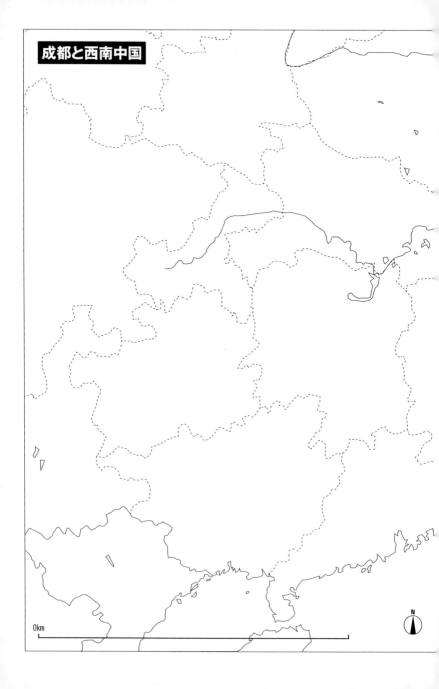

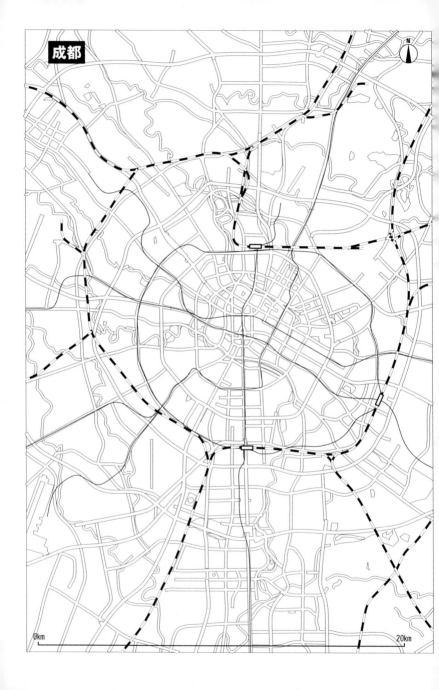
成都

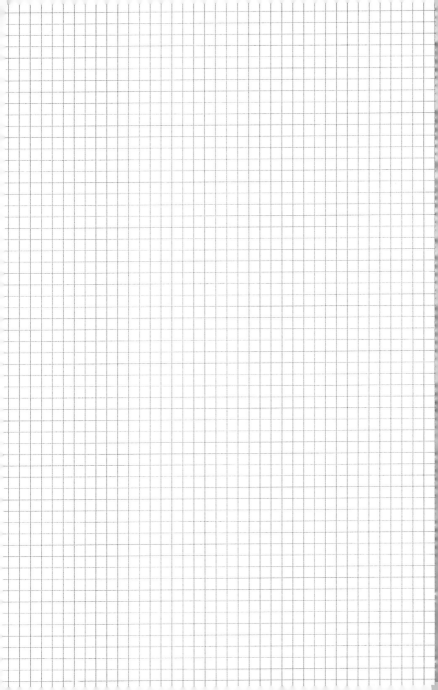

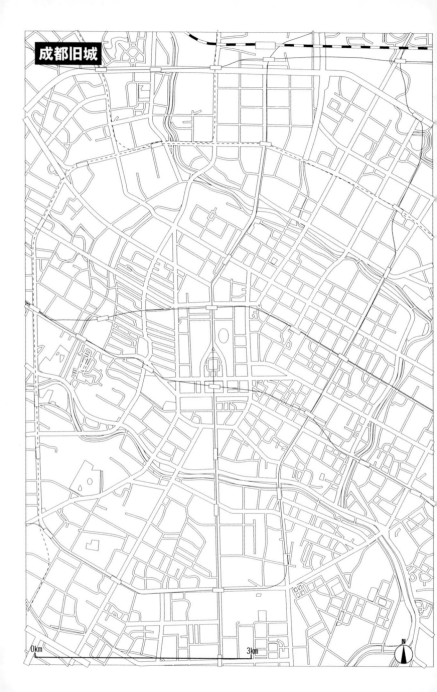

旧城北部

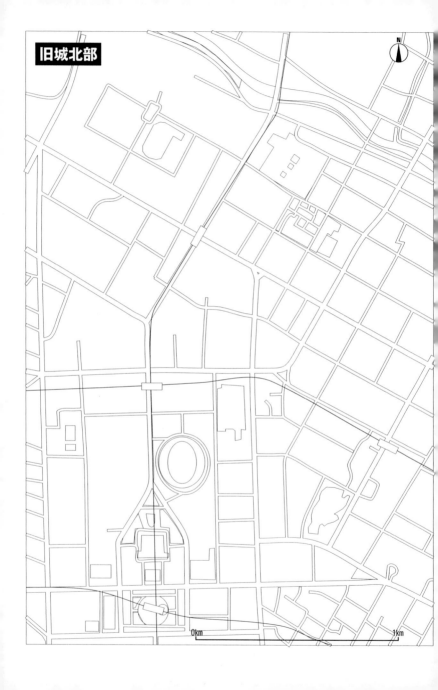

0km 1km

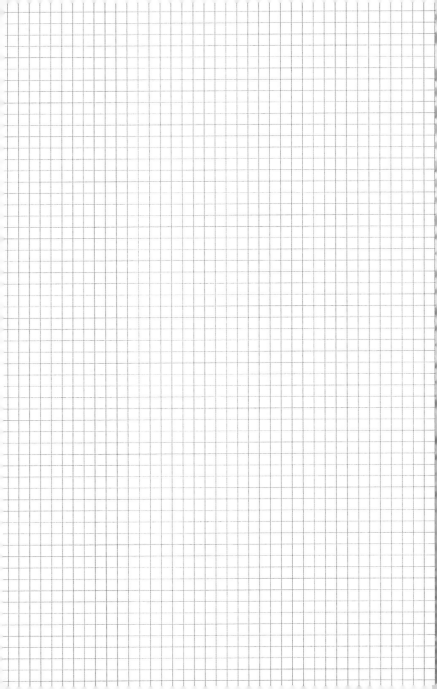

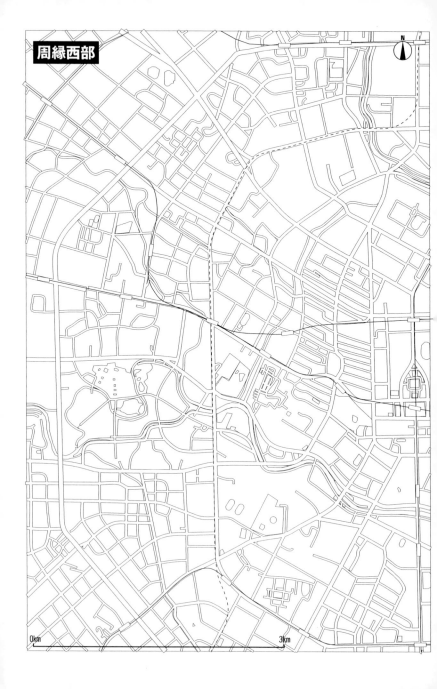

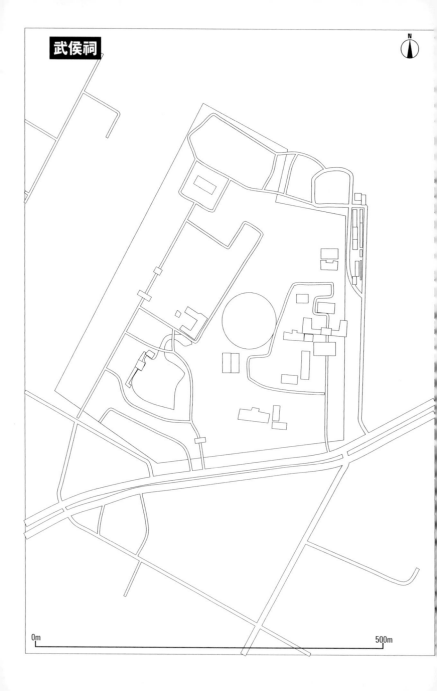

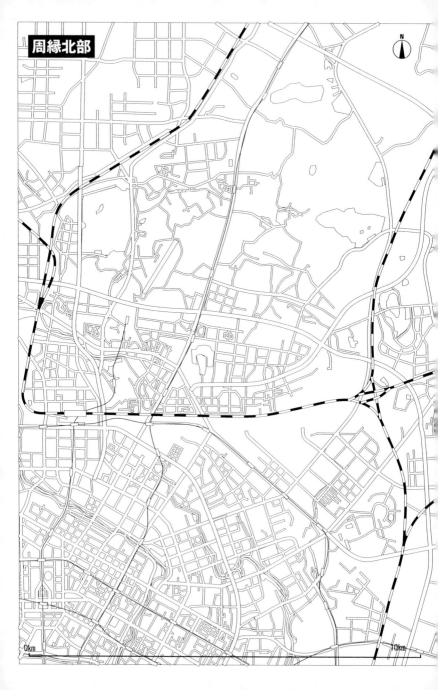

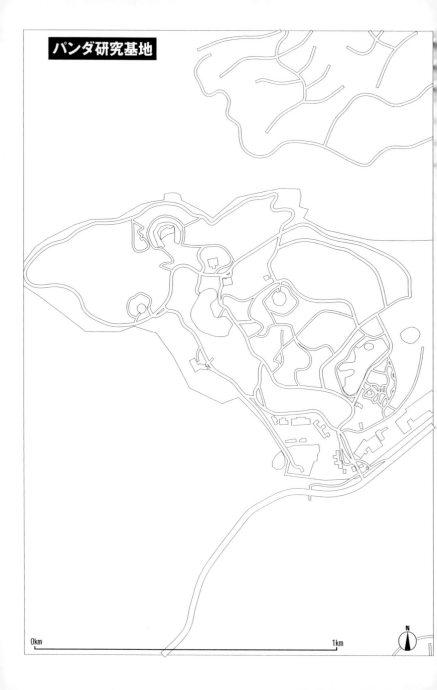

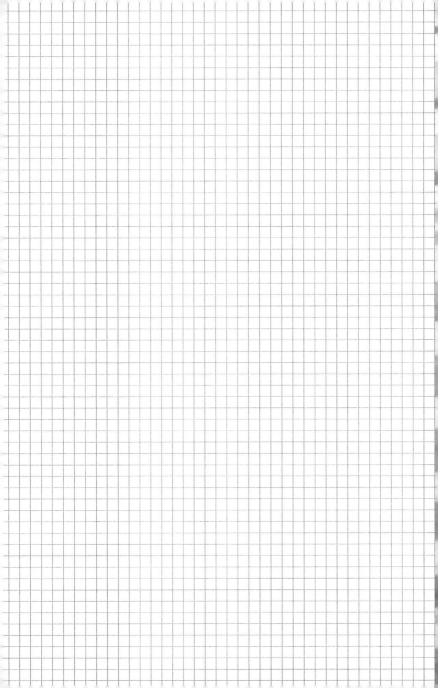

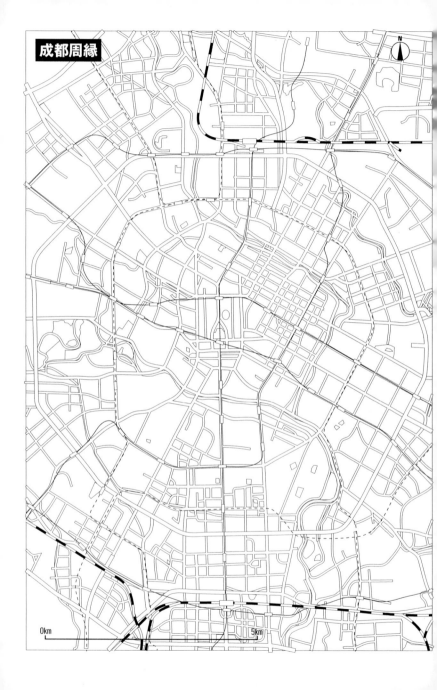

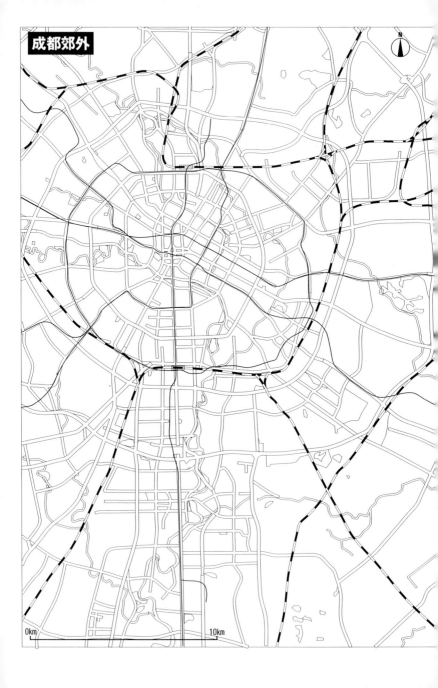

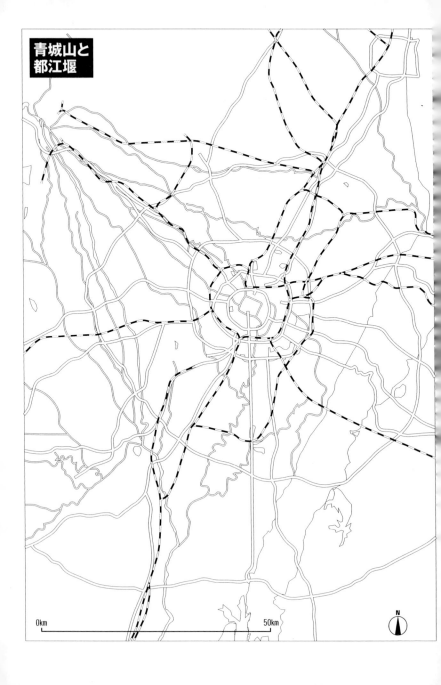

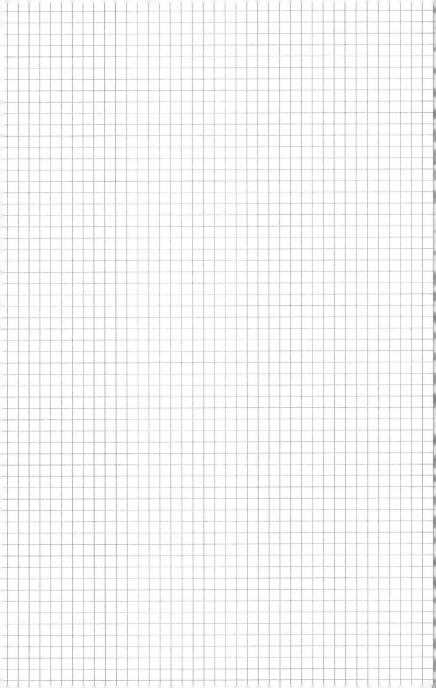

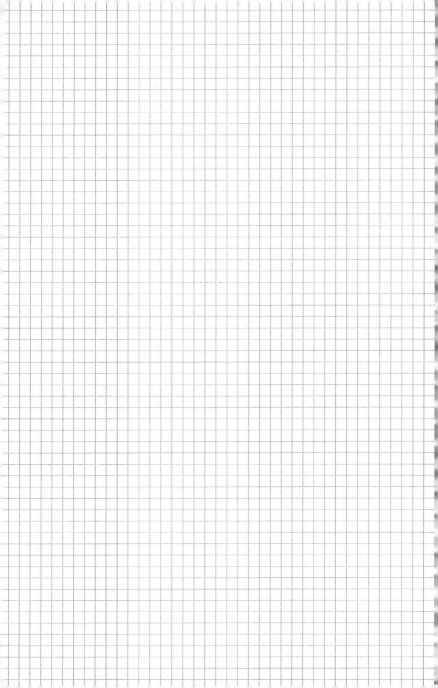

青城山

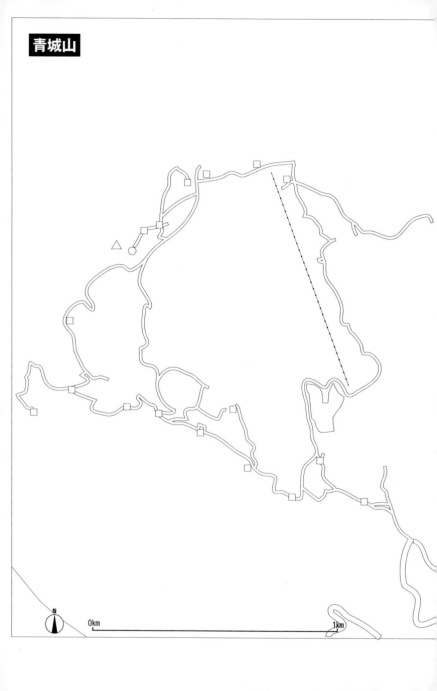

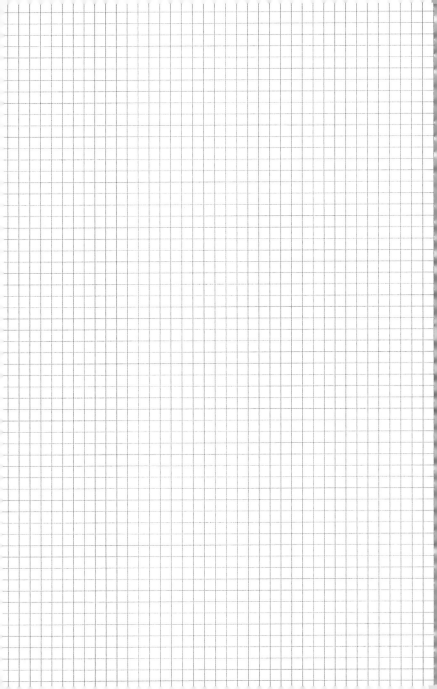

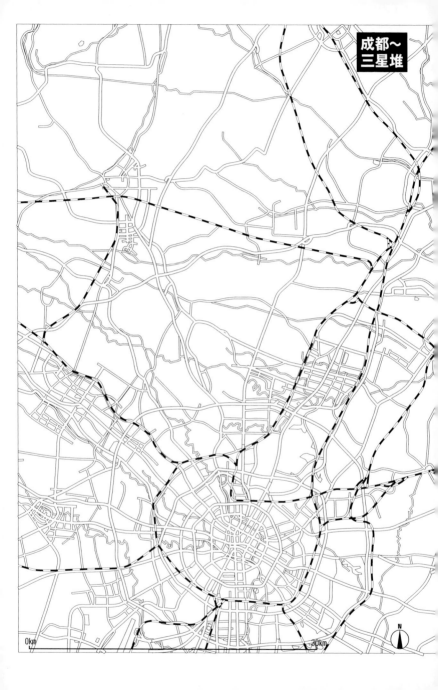

【車輪はつばさ】
南インドのアイラヴァテシュワラ寺院には
建築本体に車輪がついていて
寺院に乗った神さまが
人びとの想いを運ぶと言います

An amazing stone wheel of the Airavatesvara Temple
in the town of Darasuram, near Kumbakonam in the South India

まちごとチャイナ
四川省 002

はじめての成都
「パンダ・三国志・四川料理」に出合う旅
[モノクロノートブック版]

「アジア城市（まち）案内」制作委員会
まちごとパブリッシング
http://machigotopub.com

- 本書はオンデマンド印刷で作成されています。
- 本書の内容に関するご意見、お問い合わせは、発行元の
 まちごとパブリッシング info@machigotopub.com までお願いします。

まちごとチャイナ
四川省002はじめての成都
～「パンダ・三国志・四川料理」に出合う旅 [モノクロノートブック版]

2019年 9月15日　発行

著　者	「アジア城市（まち）案内」制作委員会
発行者	赤松　耕次
発行所	まちごとパブリッシング株式会社 〒181-0013　東京都三鷹市下連雀4-4-36 URL http://www.machigotopub.com/
発売元	株式会社デジタルパブリッシングサービス 〒162-0812　東京都新宿区西五軒町11-13 清水ビル3F
印刷・製本	株式会社デジタルパブリッシングサービス URL http://www.d-pub.co.jp/

MP209

ISBN978-4-86143-356-6 C0326　　　Printed in Japan
本書の無断複製複写 (コピー) は、著作権法上での例外を除き、禁じられています。